E OS JARDINS CONTINUAM FLORINDO

Dados Internacionais de Catalogação na Publicação (CIP)
(Câmara Brasileira do Livro, SP, Brasil)

Tonin, Neylor J.
  E os jardins continuam florindo / Neylor J. Tonin. – Petrópolis, RJ : Vozes, 2022.

  ISBN 978-65-5713-596-9

  1. Autoajuda – Aspectos religiosos 2. Autoconhecimento – Aspectos religiosos – Cristianismo 3. Pensamentos positivos 4. Reflexões I. Título.

22-100826   CDD-242

Índices para catálogo sistemático:
1. Reflexões : Autoajuda religiosa : Cristianismo
242

Aline Graziele Benitez – Bibliotecária – CRB-1/3129

Frei Neylor J. Tonin

E OS JARDINS CONTINUAM FLORINDO

Petrópolis

© 2022, Editora Vozes Ltda.
Rua Frei Luís, 100
25689-900 Petrópolis, RJ
www.vozes.com.br
Brasil

Todos os direitos reservados. Nenhuma parte desta obra poderá ser reproduzida ou transmitida por qualquer forma e/ou quaisquer meios (eletrônico ou mecânico, incluindo fotocópia e gravação) ou arquivada em qualquer sistema ou banco de dados sem permissão escrita da editora.

CONSELHO EDITORIAL

Diretor
Gilberto Gonçalves Garcia

Editores
Aline dos Santos Carneiro
Edrian Josué Pasini
Marilac Loraine Oleniki
Welder Lancieri Marchini

Conselheiros
Francisco Morás
Ludovico Garmus
Teobaldo Heidemann
Volney J. Berkenbrock

Secretário executivo
Leonardo A.R.T. dos Santos

Editoração: Maria da Conceição B. de Sousa
Diagramação: Editora Vozes
Revisão gráfica: Fernando Sergio Olivetti da Rocha
Capa: SG Design

ISBN 978-65-5713-596-9

Este livro foi composto e impresso pela Editora Vozes Ltda.

Sumário

Apresentação, 11

I – Nos jardins do próprio eu, 15
    1 Interrogação que se interroga, 17
    2 Os toques da vida, 18
    3 A força dos provérbios, 21
    4 Graça e pecado, 24
    5 Ser gente, 27
    6 Ser grande, 28
    7 A desimportância das importâncias, 30
    8 Não descer da cruz, 31
    9 A vida como um rio, 35
    10 Correr para o mar, 39
    11 Com todo o coração, 41
    12 Mendigos é o que somos, 44

II – Nos jardins da vida, 49
    13 A maior riqueza, 51
    14 Cuidar da vida, 53
    15 O grande amigo da vida, 54
    16 Uma palavra, 56
    17 Abraçar, 57
    18 Os jardins continuam florindo, 58
    19 As portas do inferno, 60
    20 Entregando as chaves, 63

III – Nos jardins da felicidade, 65
    21 Ser feliz, 67
    22 A cidadela da felicidade, 69
    23 O maior tirano, 70
    24 Anemia espiritual, 71
    25 Os esplendores da idade, 72
    26 Sol ou trovoada?, 74
    27 Perdidos amores, 75
    28 Oração do amor perdido, 75

IV – Nos jardins do amor, 79
    29 Apólogo do amor, 81
    30 Eloquência e silêncio de amor, 81
    31 Amor a dois, 83
    32 O amor tudo pode, 84
    33 Os males da língua, 85
    34 Eu te amo, 87
    35 Eu te perdoo, 89
    36 Ódio, 90
    37 Cabelos brancos, 91

V – Nos jardins da religião, 93
    38 Deus é como um ovo, 95
    39 Vocação exaltante, 96
    40 Com o jeito de Deus, 97
    41 Pobres, doentes e pecadores, 100
    42 Com paz no coração, 101
    43 O livro de Cristo, 102
    44 Esquizofrenia espiritual, 102
    45 Grandes tentações, 104
    46 Deus, 106
    47 Jesus, 107

48 O diabo, 109
49 Em defesa do pobre, 111
50 Igreja em saída, 112
51 Página sombria, 115
52 O peixe do pescador é de Jesus, 116
53 Bíblia e oração, 118
54 Morcegos e passarinhos, 119
55 Nos braços de Deus, 121

VI – Nos jardins da piedade popular, 123
    56 No colo de Jesus, 125
    57 Deus no controle, 126
    58 Maria, passe na frente, 127
    59 Caminho certo, 128
    60 Rastro de Deus, 130

VII – Nos jardins do coração, 133
    61 Corações doentios, 135
    62 Corações de pedra, 136
    63 As fragilidades do coração, 137
    64 Um coração perfeito, 138
    65 As trapalhadas do coração, 139
    66 De coração aberto, 140

VIII – Nos jardins da psicologia, 143
    67 O pior sofrimento, 145
    68 O vaso de flor e a vassoura, 146
    69 Não maltratar o mistério humano, 148
    70 A empolgante aventura de ser, 151
    71 Sentimentos congelados, 153
    72 Refratários e dublês, 155
    73 Fariseus e hipócritas, 158
    74 Sensualidade e espiritualidade, 161

75 Confie em você, 163
76 O apanágio da liberdade, 164

IX – Nos jardins da poesia, 167
   Tu és princípio e fim (1), 169
   Visita à casa paterna (2), 170
   A Jesus crucificado (3), 171
   Contentamento descontente (4), 172

X – Nos jardins da oração, 173
   Oração da minha mãe (1), 175
   Oração ao Deus vovô (2), 175
   Oração pelos filhos (3), 176
   Livra-me de mim (4), 177
   Com coração de criança (5), 177
   Pedindo a paixão de viver (6), 178
   Oração pela vida (7), 179
   Oração de cura (8), 179
   Oração do coração (9), 180
   Oração do feio e do bonito (10), 182
   Oração do bom-humor (11), 184
   Oração do amor e da amizade (12), 184
   Oração da panela (13), 186
   Oração da casa (14), 187
   Oração do grande desejo (15), 188
   Oração do não querer (16), 189
   Oração do carnaval (17), 189
   Exaltação ao Cristo Maravilha (18), 190
   Pedindo a graça da oração (19), 191
   Minha última oração (20), 192

Posfácio – Aplausos, calorosos aplausos, 195

"Disse à amendoeira: 'Fale-me de Deus!' E a amendoeira se cobriu de flores."
Nikos Kazantzakis, escritor grego, 1883-1957.

"Que alegria, sentia [São] Francisco [de Assis] diante das flores, vendo sua beleza e sentindo seu perfume! Quando encontrava muitas flores juntas, pregava para elas e as convidava a louvar o Senhor como se fossem racionais. Convidava, da mesma forma, com muita simplicidade, os trigais e as vinhas, as pedras, os bosques e tudo o que há de bonito nos campos, as nascentes e tudo o que há de verde nos jardins, a terra e o fogo, o ar e o vento, para que tivessem muito amor e fossem generosamente prestativos."
Tomás de Celano, em Vida 1, n. 81.
São Francisco de Assis, santo italiano, 1182-1226.

"Fiz a escalada da montanha da vida removendo pedras e plantando flores."
Cora Coralina, escritora goiana, 1889-1984.

"Viver é rasgar-se e remendar-se."
Guimarães Rosa, escritor mineiro, 1908-1967.

Apresentação

Pode ser fácil, mas seria trágico, viver de costas para a vida. Quantos, por insegurança, com medo ou revolta, vivem assim! Não veem a vida como um jardim fascinante, mas como uma terra seca e árida, inóspita e desolada, sem graça e beleza. Para eles, é mais confortável enterrar a cabeça na areia ou armar-se com duas pedras, ao invés de sobraçar um feixe de flores e oferecer uma cesta de frutas aos peregrinos. Bem poderiam tais pessoas seguir os conselhos de velhos sábios, para quem seria preferível não atirar pedras nos passantes quando não pudessem oferecer-lhes uma braçada de flores.

Este livro tem como endereço possíveis leitores pessimistas e mal-humorados, azedos e pesados, que reclamam de tudo, sempre propensos ao pior, aflitos hoteleiros do lado sombrio dos fatos. Em suas pensões, além de morcegos esvoaçantes, só vivem hóspedes carrancudos e só acontecem histórias desencantadas e pouco calorosas. Diante de um esplendoroso dia de sol, reclamam do calor e do céu sem nuvens, perguntando-se rebarbativamente: "Por que não chove?" E, quando chove, mostram-se contrariados e se perguntam: "Por que não brilha o sol?" De leitores assim, que são poços de águas amargas, ou potes sem rótulo de veneno, que ostentam rostos enrugados e almas retorcidas, lembro-me com tristeza e pena. Os jardins de suas vidas florescem sem cores e sem perfumes.

Este livro é também para otimistas adocicados e enjoativos, chatos e complacentes, com caras que ostentam sorrisos falsos e artificiais. Acreditam que o mal não existe como é pintado, nem a fome é tão feia quanto é descrita. Diante de catástrofes e tragédias dolorosas, no entanto, nada fazem, esquivando-se e recolhendo-se, não tendo uma lágrima de comiseração, ou, pior, confessando platonicamente que a vida, infelizmente, abriga grandes e inevitáveis fatalidades, mas não sendo tão ruim assim. Como os açúcares são fatais para os diabéticos, assim também eles são um perigo para a convivência do dia a dia e para o organismo da sociedade. São doces e cegos. Quando a realidade pede lágrimas, eles são vistos arrumando as malas para um passeio à Disneylândia.

Pensei escrever este livro também para os realistas juramentados, presunçosos, impermeáveis e arrogantes, sem sentimentos, lógicos e monolíticos. Eles, obviamente, não aceitam os pessimistas e os otimistas. Acreditam, ao contrário, apenas em seu realismo, cujo metro é medida para tudo, preservando para si as confortáveis distâncias dos fatos e uma desdenhosa sobrancería em suas avaliações irreformáveis. Outros poderão ter alguma razão, mas o que conta é a sua, sempre insofismável, com uma quase divina condescendência. Não sabem conviver, apenas concedem aos outros o favor de suas aquiescências. Se o pessimista é um poço de águas amargas e o otimista um bolo enjoativo, eles, senhores realistas e reis de sentenças irreformáveis, são uma parede intransponível contra a qual se quebram as mais educadas ponderações. Apensas se quedam perplexos e bem-intencionados, como afoitos aventureiros.

Não sei se você é pessimista, otimista ou realista sem replique. De minha parte, quero apenas amar a vida, servi-la e fazer com que seus jardins continuem florindo. Se isso for possível, aleluia! Caso não, terei de escrever, se para tanto não me faltar disposição e tempo, nem engenho e arte, outro livro que terá como título *Os jardins já não florescem, secaram. Infelizmente!* Dedico este livro a todos os chatos: aos chatos mal-humorados e azedos, aos chatos adocicados e enjoativos e aos chatos que sabem tudo, menos que a vida é um grande jardim que, apesar de tudo, continua florindo.

I
NOS JARDINS DO PRÓPRIO EU

1
Interrogação que se interroga

O ser humano não é apenas uma interrogação, mas é seu próprio interrogante. Um animal não se interroga nem conhece seu destino, não se pergunta "Quem sou eu?" Não se olha no espelho à procura da própria identidade nem se pergunta como será seu dia de amanhã. Não se arrepende do que fez nem faz propósito para melhorar de vida. Ele apenas é e existe, sem consciência, sem as vibrações de sua natureza. Nasce sem ter de aprender. O gato, desde seus primeiros dias, sabe caçar ratos, e os muares não reclamam por ter que puxar uma carroça. Digo, aparentemente, salve melhor juízo.

Diferentemente é o ser humano, que tem consciência de seus possíveis (des)caminhos e escolhas. Ele é um ser aberto para si e para os outros. É único e ímpar, diferente dos outros, mas tem, ao mesmo tempo, um destino que, em si, é pequeno, mas somado aos destinos da humanidade, é cheio de esperanças e pode ser trágico, tornando-o frágil e desprotegido.

O poeta maior mato-grossense João de Barros (1916-2014) esculpiu um pensamento redondo e irretocável: "Entender é parede. Procure ser árvore". Na lousa de nossa parede, muitos escreveram como nossos pais, parentes, amigos e inimigos, vizinhos e estranhos, mestres e pedestres de mil estradas. Todo mundo deixou sua mensagem e conselhos. Alguns podem ter deixado grandes pontos de interrogação. Outros, no entanto, plantaram sementes para que nossa árvore frutificasse, dando sombra aos passantes cansados e uma copa acolhedora para os passarinhos. É olhando para nossa parede que podemos nos entender melhor, mas é sendo árvore que estamos no caminho de nossa realização pessoal, deixando de ser apenas uma interrogação ou uma opaca parede.

Certo Rabino pretendia escrever um livro definitivo sobre o homem, a quem daria o significativo título *Adão*. Desistiu porque nenhum ser humano é definitivo. Cada pessoa está aberta para a esperança e para a tragédia. Ninguém nasce pronto, redondinho para as interrogações de sua identidade. Guimarães Rosa (1908-1967) disse: "Viver é rasgar-se e remendar-se".

Todos nascemos para os bancos da escola e continuaremos sentados nos bancos da vida, sempre com a mesma pergunta: Quem sou eu? Somos uma interrogação grande demais para nossas pretensões ilimitadas e sem respostas para nos entendermos em definitivo.

Religiosamente, as respostas humanas encontram a chave da compreensão do seu ser em Deus. E Deus entregou a chave da compreensão humana à pessoa de Jesus, que foi "verdadeiramente homem e verdadeiramente Deus". Pode ter sido, humanamente, uma pergunta para si, mas se declarou "Caminho, Verdade e Vida" para os outros. Ele foi o jardim mais florido de Deus depois que a humanidade foi expulsa do Paraíso Perdido ou do florido Jardim do Éden.

2
Os toques da vida

O homem é, para si mesmo, seu grande mistério. Nasce olhando para os outros sem conhecer a si mesmo e vive procurando a chave do próprio coração. Ao morrer, ainda não terá desvendado, com certeza, plenamente o que foi e o que deixou, em parte, de ser. Enigma para si, enigma para os outros. Desde o nascimento, experimenta o toque de mãos que não são as suas. Tocam-no a parteira, a mãe, o pai, tios e avós, todo mundo o toca. Na medida em que vai crescendo, mais mãos o vão tocando e retocando para dar-lhe um jeito, uma identidade que, finalmente, descobrirá ser a sua, embora moldada, em grande parte, pelas mãos dos outros.

Diante do espelho se perguntará inúmeras vezes: "Mas, enfim, quem sou eu? Por que sou assim? Que jeito é o meu? Como mudar de jeito sem deixar de ser o que sou?" Viverá buscando respostas para perguntas que o deixarão muitas vezes surpreso e até encabulado.

Ao contato com os outros, não deixará, às vezes, de querer ser diferente, de ser alguém a quem admira e que não é. Desejará muito aprender a ser melhor. Ele se sentará aos pés de mestres e professores, buscando orientações para a difícil arte de viver.

Terá momentos em que parecerá mergulhar mais fundo em seu mistério. Serão os momentos em que amará e será amado. Terá momentos felizes de vitória. O sol, então, brilhará mais intensamente e ele sentirá seu enigma mais ensolarado. Mas haverá também momentos de grande aflição, com rejeições, envelhecimento e doenças. Esses momentos lhe serão agônicos e tenebrosos.

Em outros momentos, quando colocar com paixão suas mãos no enigma e mistério dos outros, sentirá grande satisfação. Sentirá que seu enigma não é diferente dos enigmas de tantas vidas, deixando, por isso, de se assustar tanto, vivendo mais confiantemente.

Mas conhecerá também o medo de se perder por labirintos escuros e estranhos, que reconhecerá serem os de seu mundo interior, onde minotauros e outros monstros ameaçarão devorá-lo. Nele se encolherá, então, e clamará por companhia. Se acudido por alguma fada benfazeja, alguma Ariadne providencial e desconhecida, recobrará a esperança de encontrar uma porta de saída para os seus medos.

Não deixará nunca de viver entre o que é e o que poderá ser. Ele se sentirá feliz com a companhia dos outros, mas precisará de momentos de solidão para não perder a própria identidade. Terá, como se costuma dizer, de fazer, penosa e corajosamente, a longa jornada para dentro de si mesmo.

Quando a morte, finalmente, lhe tomar a mão, anunciando-lhe o fim da caminhada, reconhecerá, possivelmente, que, apesar dos pesares, valeu a pena ter vivido e que a vida foi uma graça que ele, então, estará deixando com pesar e saudades.

Feliz será se tiver vivido com grandeza, sem amarguras e ressaibos, e se tiver feito a maior de todas as experiências: a de servir e amar, a de viver na alegria do Bem, cultivando, sem medo, a Paz e os jardins da vida.

Feliz se tiver construído uma casa, quente e gostosa, sobre a rocha dos grandes valores, aonde acolheu os pobres, os que sentiam frio no corpo e na alma, os amigos e os inimigos.

Feliz se tiver tido uma vida que transcendeu os limites do tempo e tiver alimentado, na fé, um desejo de eternidade e o rosto desconhecido de Deus.

Seu eu, tão enigmático, não terá, então, se perdido nas poeiras das estradas. Ao chegar ao fim da aventura desta vida e ao mergulhar na escuridão da morte, ele se verá inundado por uma luz que desconheceu na vida, mas que sempre buscou, às apalpadelas, na confiança, *cum timore et tremore* (com temor e tremor).

As mãos que, então, o tocarão, num grande abraço de boas-vindas, já não serão as mãos da parteira, de seus pais, tios e avós, dos amigos e inimigos, mas as do grande parteiro da vida definitiva que as religiões chamam, simplesmente, Deus. E, nas mãos de Deus, seu jardim nunca murchará, mas florirá eternamente.

3
A força dos provérbios

Há perguntas básicas: Afinal, o que estamos fazendo aqui? O que estamos querendo? Caminhar para quê? E para onde? De onde viemos?

Todo mundo já tem data de nascimento. Sabemos quando começamos. Para a morte ainda não temos data. Quando terminaremos? Quando chegará o último dia, o dia do "chega"?

No tempo, começamos um dia. Mas será que temos uma origem eterna? Se sim, e se só Deus é eterno e somos à sua imagem e semelhança, qual o projeto para a vida? Há muitas respostas. Basicamente, todos poderiam aceitar como resposta os indicativos do jesuíta norte-americano John Powell: "Estou certo de que o mais persistente e espicaçante desejo de minha vida e de todas as vidas é o de ser plenamente humano e totalmente vivo. Por outro lado, nosso mais profundo e abissal medo é o da possibilidade de malbaratar a maravilhosa oportunidade de viver" (In: *Fully Human, Fully Alive*).

É isto que faz da pessoa um *ser espiritual*. São estes advérbios – *plenamente* e *totalmente* –, são eles a nossa marca, o apanágio de nosso modo de ser. O espírito é uma dimensão aberta para o *mais*. O animal tem uma vida fechada, de contornos acabados, de identidades definidas. A pessoa, não! Ela é um sonho, enquanto o animal é um dado. Nós não somos isto ou aquilo, nós temos apenas estes ou aqueles dados.

O animal é uma música pronta. Nós somos uma sinfonia inacabada. O animal só é; nós podemos ser mais do que somos. É por isto que o animal não precisa estudar para ser. A pessoa, ao contrário, não acaba de aprender a arte de viver, de ser "plenamente humana e totalmente viva".

Por isto, esta marca espiritual é a característica mais graduável e mais funda do nosso mistério. É a marca mais aberta e entranhada, mais diversificada e mais própria e redonda.

Esta marca é apreendida diretamente pela experiência da própria vida e aprendida na experiência dos mais velhos mestres, que são as expressões mais acabadas do nosso modo de ser espiritual. Nada mais exaltante do que um velho bem amadurecido, fecundo campo de frutos espirituais e de espaços alargados de conflitos já harmonizados. Nele, o Bem acabou por ocupar o espaço de toda a vida e o Mal foi reduzido a imperceptíveis oscilações periféricas do seu ser.

A verdade que mais dói é a do próprio eu. Por mais que a ocultemos, sua realidade sempre nos coloca diante de seu espelho e nos alerta para as fissuras de nossa personalidade e para as incoerências de nossos comportamentos. Para todas as demais situações e pessoas estamos cheios de soluções, mas não sabemos o que dizer a nós mesmos. Na verdade, ninguém é médico de si mesmo, mas todos poderiam contribuir um pouco mais para a própria cura. Caso contrário, ninguém (nem nós mesmos) suportará esta coisa doída chamada eu.

Um lindo neném, por mais lindo que seja, é sempre e apenas um ainda incerto projeto. Obra de arte irretocável ou arremedo de beleza, ele o será, um dia, e assim será julgado, muitos e muitos anos depois, no ocaso de sua vida.

Somente, a pouco e pouco, no duro labor do dia a dia, o homem irá experimentando a complexidade de seu ser, feito de alma e corpo, de espírito e carne, de asas e raízes. Mas, desde o começo, já estará grávido de si mesmo.

Como corpo (*carne e raízes*), somos pesados, agarrados à terra e, ao mesmo tempo, famintos, frágeis, enfermiços, caducos e morituros. Por mais que nos ajudem, não podemos evitar pequenas mortes dia após dia, nem fugir, finalmente, do tobogã da vida que nos catapultará, um dia, na grande morte.

Como espírito (*alma e asas*), a pessoa é mais do que ela mesma. É um sonho e um destino que a ultrapassam. "Tem uma janela aberta para o infinito" (Blaise Pascal, 1623-1662). É capaz de grandes coisas e de renúncias conscientes. Não rasteja como os outros animais, mas afirma-se como construtora de uma história que não é só sua, mas de todos os seus semelhantes. Ela é transcendente.

A pessoa carrega consigo, ao mesmo tempo, a caducidade do tempo e os sonhos da eternidade. Tem como suprema vocação a graça da vida e a realização de seu ser. Deve fazê-lo florescer e frutificar, tornando-se companheiro dos outros que também vivem buscando a mesma plenitude.

O grande teólogo e mestre espiritual Leonardo Boff afirma que três são "as grandes manifestações da caminhada humana: o espaço do tempo, a atmosfera do amor e o meio divino". Esta tríplice caracterização, elevada à sua plenitude, é que dá à pessoa sua graça de ser.

O ser humano não é certo, em si, mas vai se acertando e sendo acertado na vivenciação de sua complexidade e na busca de suas definições.

A pessoa não é só espírito, que a define como primazia, nem é só instinto, que tenta nela estabelecer sua tirania. Ela é um ser complexo que, quando harmonizado, não se torna complicado. Os dois juntos, espírito e corpo, em conflito e diálogo, formam o ser humano, grande e limitado, sonhador e rasteiro, do céu e do chão, transcendente em busca da imortalidade e temporal, pagando tributo à sua rombuda e opaca caducidade.

Não há melhor elogio do que dizer que alguém é autenticamente ele mesmo e chegou à sua plenitude: que é uma pessoa normal, integrada, feliz, rica e densa de humanidade. Ser gente é um ideal que não tem preço. Dela podemos dizer que chegou a ser um jardim florido.

4
Graça e pecado

Segundo a melhor tradição cristã da Teologia da Graça, não somos apenas graça e não somos apenas pecado. Deus nos criou de graça e nos fizemos, pretensiosamente, pecado, querendo ser "como deuses". Somos, pois, graça e pecado. A tese, com forte base evangélica nos ensinamentos de Jesus e na formulação perfeita de Paulo, é esta: "Onde abundou o pecado, ali superabundou a graça".

As duas grandes e trágicas tentações humanas são a de pretender ser, orgulhosamente, como Deus, rompendo os limites frágeis de sua humanidade, ou a de se comportar como um demônio, escolhendo o caminho da crueldade, do desamor e do inferno. As duas tentações são claramente ocorrentes em ditadores, que querem ser adorados, ou em bandidos, que querem ser temidos.

Na perspectiva bíblico-cristã, Deus é graça, somente graça e a fonte de todas as graças. Todas as criaturas são graça em si, recebendo suficientes graças para se salvarem da morte, do pecado e de não se fazerem malditas. A graça maior é a convivência com Deus. "A glória de Deus é o homem vivo e a glória do homem é ver a Deus", afirmou Santo Irineu († 202).

Para tanto, o homem é essencialmente livre, mas deve personalizar o convite que lhe é feito. O homem será sempre um agraciado. A resposta humana terá de ser, por isso, livre, pessoal e em busca de uma totalidade.

A graça divina não se sobrepõe à natureza nem a inflige; porém, a potencializa e resgata. A graça é sobrenatural, enquanto a resposta humana é natural. Embora sobrenatural, a graça não livra o homem do que lhe é conatural: as concupiscências, as doenças e as limitações temporais. Mas a graça é curadora e elevadora de nossa natureza finita e pecadora. Em Cristo, as criaturas receberam graça sobre graça. Jesus sana a natureza humana e, por Ele, o homem volta à santidade original.

Nota-se, na cultura contemporânea, particularmente em certas religiões pentecostais, certa exaltação do demônio. Ele é parte de um negócio rendoso que engorda a caixinha de muitos pregadores espertos e/ou bem-intencionados, mas pouco esclarecidos. Segundo a doutrina da Igreja, o poder de satanás não é infinito. Ele não passa de uma criatura poderosa, por ser espírito; mas não é capaz de impedir a edificação do Reino de Deus. A permissão divina para a atividade diabólica é um grande mistério, mas sabemos que "Deus coopera em tudo para o bem daqueles que o amam" (Rm 8,28).

Segundo Santo Tomás de Aquino, a pessoa permanece sempre livre para consentir ou resistir às moções diabólicas. Somente Deus pode agir direta e plenamente sobre o homem.

O sacrário da alma humana pertence a Deus, não ao diabo, que é apenas um atiçador, não o emissor dos maus pensamentos; ele coloca lenha na fogueira, mas não é dono nem da lenha nem do fogo.

A doutrina da Igreja rechaça uma excessiva concessão ao poder do diabo como tentador e dominador das pessoas. A propósito, o Concílio Vaticano II mostra-se muito reservado sobre o diabo. Na visão pastoral, mais do que sobre o diabo, deveria se chamar a atenção sobre o poder sobre-humano do mal na História. Não é o diabo quem faz o mal: é o próprio ser humano com cara de demônio...

O culto a satanás e a ênfase nele, ao lado da teoria da reencarnação, são duas doutrinas que procuram esvaziar o que Deus encheu: Ele encheu seu Cristo de poder e fez da encarnação do Verbo o caminho da redenção humana. Elas visam adulterar os planos de Deus. Pela doutrina espírita da reencarnação, Deus não seria o salvador da vida, que seria redimida pela engenhosa forma de permanentes reencarnações. O Espírito Santo já não seria o hóspede das almas. A morte de Jesus na cruz já não teria força redentora, seria apenas um fim trágico para uma pessoa de bem.

Mais do que nunca precisamos resgatar hoje a graça de Deus, que transborda e transcende o pecado. O diabo já foi amarrado pela Paixão de Jesus. É importante enquadrar o diabo e deixar soar o Evangelho do Verbo de Deus.

Para tanto, urge introduzir Jesus no centro de nossas vidas. Ele é o nosso salvador que nos abre a porta da Casa do Pai para ficarmos cheios de graça, ou simplesmente engraçados. Será imprescindível, então, que nos exercitemos na prática do silêncio, e a meditação é um caminho eficaz nessa direção.

Precisamos silenciar em nosso interior as fantasias que se opõem à nossa realidade, desvirtuando nosso eu de sua identidade.

Precisamos silenciar nosso amor-próprio que, afinal, não passa de egoísmo disfarçado.

Precisamos calar nossos medos, porque acabam se tornando causa de insegurança, de ciúme, de rancor, de raiva.

Precisamos silenciar nossas memórias, que tiram a essencialidade dos fatos que ficaram no passado.

Enfim, precisamos reconhecer que Jesus viveu verdadeiramente, morreu verdadeiramente e verdadeiramente ressuscitou, e que tudo mais na Igreja será vão se não reconhecermos a graça de Deus revelada em Jesus Cristo. Nele, em Jesus, reconquistamos o Paraíso Perdido, e em sua pessoa floresceu plenamente o jardim humano.

5
Ser gente

Não somos nem deuses, nem anjos, nem demônios. Somos gente! Esta é a nossa graça, a grande graça de sermos homens ou mulheres, de sermos sempre, gloriosa e dolorosamente, criaturas. Aliás, escreveu o velho mestre mato-grossense Manoel de Barros, que "o maior apetite do homem é desejar ser".

A pretensão de ser deus é fonte de dolorosas neuroses, quando deixamos de ser o que de fato somos para sonharmos e vivermos num patamar que nunca atingiremos. Esta pretensão, além de votada ao fracasso, manifesta uma supina soberba e uma doentia insegurança.

Pretender ser só espírito, abjurando as naturais pulsões instintivas e carnais que nos caracterizam, demonstra uma rejeição inamistosa e uma exibição narcisista nas relações interpessoais. A pessoa, ao apelar e se cobrir com a couraça e a máscara de uma impossível divindade, mente para si mesma e impede qualquer tipo de relacionamento normal com os outros.

Ser menor do que Deus não é nenhum desdouro. É uma feliz realidade. Somos todos infinitamente menores do que Deus. Esta é a verdade da nossa humanidade. Assim somos, e este é o nosso glorioso e penoso apanágio.

Deus, para nós, é horizonte que atrai, e não parceiro ou secretário de aventura. Ele, sim, pode fazer-se companheiro da caminhada humana, fato que, na verdade, já aconteceu, como graça, em Jesus Cristo, mas a criatura não pode exigir e querê-lo como servo submisso de sua pretensiosa aventura.

A aceitação feliz de nossa humanidade é a rocha viva e estável sobre a qual podemos fazer desabrochar e frutificar a beleza do nosso modo de ser. Querer ser mais do que isto seria pretensioso e mentiroso; querer ser menos seria trágico e frustrante. Sendo apenas gente é que podemos fazer florir o nosso jardim.

6
Ser grande

Se as pessoas se deixassem questionar sobre *como vivem*, encontrariam as principais características de seus caminhos espirituais, porque a Espiritualidade, quando verdadeira, molda a vida e espelha inegavelmente um modo de viver.

Espiritualmente, pode-se viver ou como pessoa ensolarada, filha da graça e do gosto de viver, ou como porco-espinho, refratário e com uma alma pesada, entristecida e opaca.

É importante evidenciar que, quando falamos de Espiritualidade, não o fazemos para condenar os outros, reduzindo o mundo e as pessoas a uma foto em preto e branco de 3x4, dividindo-as, apocalipticamente, entre ovelhas e cabritos.

Viver superficialmente, num relacionamento sem compromissos maiores com pessoas e coisas, não é muito difícil. Difícil é viver em profundidade, honrando a Deus com os lábios (externamente) e o coração (interiormente), com o todo o ser.

Diante da vida, há duas formas de se posicionar: ou o fazemos com profundidade, o que exige coragem, renúncia, generosidade e maturidade, ou escolhemos o caminho da superficialidade, que exige pouco, mas dói muito, sendo, finalmente, pouco satisfatório.

"Mas a terra e o sol, a lua e as estrelas giram de tal maneira bem, que a alma desiste de queixas. Amém" (Cecília Meireles, 1901-1964).

A espiritualidade objetiva este não se queixar, purificado de pesos, elevando e tornando cantante a alma humana. Busca e luta por este bem-girar da vida que define, em última instância, a pessoa como espiritual.

A lei fundamental da Espiritualidade é ser grande como Deus é grande. O animal se satisfaz com o que é; a pessoa quer crescer para além de si mesma. Nosso espírito carrega consigo uma semente de imortalidade. A ciência que o estuda, com seus sonhos e agonias, chama-se Espiritualidade.

Só os que se fazem discípulos da arte de viver e são servos do mistério da vida e mártires de seus desafios envolventes e agonizantes, mas fecundos, é que merecerão ter seus nomes inscritos no Olimpo dos deuses, obtendo, finalmente, os aplausos de seus semelhantes.

A realidade mais fácil de ser maltratada, por ser, ao mesmo tempo, tão frágil e complexa, é o mistério humano. Uma cientista romena surpreendeu, durante os anos do regime comunista, os participantes de um congresso de Antropologia, alertando seus colegas ocidentais: "O grande perigo que o mundo corre, hoje, é o de maltratar e adulterar o mistério do ser humano".

Este mistério só não foi adulterado em Cristo e em Maria, sua mãe imaculada. Na religião, estes adultérios morais se chamam pecados. Na prática, somos todos pecadores e adúlteros. A liturgia das missas começa sempre com uma grande confissão e pedido de perdão. Os fariseus modernos, infelizmente, se confessam com os lábios, mas não se arrependem com o coração. Reconhecem os próprios espinhos, mas estão longe de fazer florir seus jardins. Hoje e amanhã, repetem e repisam a mesma listinha de adultérios; não crescem, não optam pela grandeza, são anões espirituais.

7
A desimportância das importâncias

Esqueça que você é importante! Dê importância aos outros! Eles são importantes para você. Você pode não ser importante para eles. A vida é que é sagrada e importante para todos. O padeiro é importante para o seu café da manhã. A cozinheira, para seu prazer de comer. Os jornalistas, para as políticas, os heroísmos e as roubalheiras do mundo. As professoras, para melhorar a sociedade e diminuir as trevas da ignorância. As crianças, para se despertarem para a inocência e para a alegria de viver. Os vovôs, para ensinar-lhes os caminhos e os horizontes da sabedoria.

Todo mundo é importante para você, fazendo-o rir, porque é engraçado, e podendo fazê-lo sentir-se péssimo, porque lhe desperta repulsa e lhe arranca lágrimas amargas. Sem você, ou com você, o mundo continuará girando, os fatos acontecendo, mas não haverá o apocalipse anunciado. E o mundo continuará a ser o espaço para a festa e para a tragédia de viver.

Pense nisso e refreie sua soberba. A soberba dá pena, é lamentável e apenas denota as carências que procuram ocultar-se atrás de biombos de uma bem-arquitetada e falsa importância.

Na verdade, o soberbo pode tentar disfarçar uma dispensável segurança psicológica que lhe vem casada com uma ambição de poder. O soberbo ambiciona o reconhecimento superior de sua questionável e empolada importância.

Ao contrário, ame as suas limitações, as relatividades de sua vida. Afaste de você o patológico sentimento de medo da vida, que lhe acarreta a morte de toda admiração.

Quem perde a admiração pela vida exige, em contrapartida, que os demais o admirem. Mas isso é constrangedor e, como resultado, quem se julga importante acaba se magoando e rarefazendo os ares da amizade e da boa convivência.

Não seja um armário colocado no centro da sala. É difícil amar um armário. Procure, antes, seu lugar junto à parede. Lá você poderá servir aos outros e ser útil aos que necessitam dos seus préstimos.

Jesus, judiciosamente, disse, certa vez: "Quando fores convidado, não te assentes nos primeiros lugares para não passares a vergonha de ser removido para um lugar mais humilde".

Ninguém deve dizer: "Sou importante!" Importante é a pessoa quando os outros assim a reconhecem e lhe dizem: "Te admiro! És importante! Tu és muito importante para nós!" Importante é a pessoa quando a gente gosta de passear com ela pelos jardins floridos de sua humildade e simpatia.

8
Não descer da cruz

A virtude da paciência não se caracteriza, pura e simplesmente, por uma resignação diante dos infortúnios da vida, assim como ter paciência não quer dizer cruzar os braços, passivamente, deixando de reagir quando a dignidade pessoal e o bem comunitário estariam exigindo uma tomada crítica e nobre de posição.

Há, infelizmente, pessoas que se contentam em pedir paciência aos outros diante de tudo o que acontece. Com isto, parecem desobrigar-se de situações desagradáveis, lavando as mãos diante de injustiças e confundindo um alto valor espiritual com uma confortável atitude de covardia. Para elas, valeria a pena lembrar a indignação de um velho frade alemão que, quando se sentia frustrado por não conseguir fazer o que planejava, exclamava inconformado: "É, paciência, mas... com raiva".

A palavra paciência vem do verbo latino *patire*, que quer dizer sofrer e, também, aguentar. Deste verbo, aliás, nasceram palavras como paixão, compaixão e patíbulo. Quem se apaixona passa como que a sofrer e aguentar o destino da outra pessoa e a subir no patíbulo (oxalá bem-aventurado!) de sua paixão.

A virtude da paciência exibe uma dupla-face. Por um lado, é formada por um elemento de conformação positiva com o que não pode ser mudado e faz parte do jeito de ser humano. A idade, por exemplo. Não dá para não envelhecer ao menos um dia a cada dia. Diante desta realidade é preciso ter paciência; isto é, aguentar a ação e os achaques do tempo.

Por outro lado, a paciência exibe uma face ativa e nobre de resistência e inconformidade. Se, por um lado, alguém que é paciente não usaria, por virtude, meios condenáveis, como a violência diante de injustiças, por outro, não se resignaria a uma inação conformista. A paciência não comporta uma atitude de abdicação e pusilanimidade, mas se afirma como um alto valor humano e espiritual de sabedoria e fortaleza.

Diante do rosto rugoso da vida, a paciência sabe dizer sim quando este rosto não pode ser mudado, e não quando não passa de uma careta maldisfarçada.

Neste último sentido, a virtude da paciência caminha de mãos dadas com a da fortaleza. Ser paciente é, então, mostrar-se forte e resistente quando tentações da vida fácil sugerem fuga e covardia. Nessas ocasiões, o grande desafio é ser grande e não descer da cruz.

Não descer da cruz! Isto não é apenas uma imagem metafórica, uma educada figura de linguagem ou um antigo exemplo histórico que aconteceu com um "homem das dores" que se revelou depois salvador da humanidade. Não! Não descer da cruz é uma questão brutal de vida e morte, de sim ou não, de ser pra valer ou de desistir de vez, de prosseguir apesar de tudo ou de abandonar o que se está sendo e fazendo, apesar dos apelos e pressões do mundo circunstante.

Não descer da cruz não é brincadeira ou passatempo para fins de semana. Pode transluzir uma expressão de impotência, arrancar gritos de desespero e, ao mesmo tempo, potencializar nosso itinerário espiritual.

Muitas vezes, é fácil aconselhar os outros a não descerem da cruz, ao mesmo tempo em que é difícil permanecer nela, principalmente se for uma cruz de maldição e morte. Quem já passou por alguma situação extrema de dor e abandono, de traição e desespero, de perda da confiança em si mesmo e de fé nos outros, conhece o amargor da esponja de vinagre, a dureza da cruz e a grande tentação de desistir, de abandonar tudo e de descer dela.

Nestas horas, não descer da cruz pode representar um ato de heroísmo e, certamente, de engrandecimento. É então que as pessoas se medem e são medidas pela vida que geram e pela coragem que têm, quando, aceitando uma aparente destruição, acabam escrevendo a página inesquecível de uma história verdadeiramente humana e espiritual.

É claro que não estamos falando das cruzes subjetivas, apenas sentidas mas inventadas, que atores de palcos irreais abraçam em busca de luzes e aplausos de compaixão. Estas cruzes seriam apenas expressão de uma coreografia cujo único beneficiário é o falsário que as inventou. Destas cruzes, que melhor seria se não existissem, todos deveriam descer.

Não! Estamos falando de outras cruzes, que não doem como teatro, mas como vida. Delas não se deve descer, pois são graça e salvação, confrontam a vida e sobre-elevam a pessoa, engrandecendo-a. Os que nelas ficam acabam merecendo uma confissão de respeito e o aplauso dos "centuriões romanos" que as rodeavam nas horas das trevas.

O que constatamos, atualmente, é que as pessoas estão descendo da cruz com relativa e apressada facilidade. O casamento vai mal? Não há problema: apela-se para a separação. Ela engravidou? Tudo tem solução: aborta-se. A situação está insuportável entre dois familiares? É fácil: evitam se encontrar. Não se sabe como educar os filhos? Existe uma saída: delega-se a responsabilidade, paparica-se o filho, libera-se geral e vamos em frente que atrás vem gente.

A simplificação desta descrição está caricata e perdão por ela. No concreto, dificilmente se encontrará uma mulher que faça aborto com muita facilidade ou pais que se importam tão pouco com o destino de um filho. Mas a tendência do nosso tempo é esta: a de descer da cruz sempre que os sonhos inflacionados de felicidade barateiam o custo da aventura.

Pessoas assim não estariam abraçando a vida com o teor do primeiro mandamento; isto é, com todo o coração. A cruz poderia ter o significado de autossuperação e aprofundamento de uma experiência. Elas, no entanto, deixaram-na escapar descendo da cruz, e se apequenaram. Os centuriões foram embora, não houve prantos, nem as trevas se adensaram, nem o céu se abriu. Não, tudo deslizou por sobre os trilhos da mediocridade. A cruz, hoje, está vazia, não porque seu condenado ressuscitou, mas porque sua vítima não resistiu e... fugiu.

Pode não ser nada fácil viver, com todo o coração, situações crucificantes, sem previsíveis saídas. A vida não pede às pessoas que sejam vencedoras, mas que tenham grandeza. Aliás, aquele que não desceu e morreu na cruz não foi um vencedor, mas acabou sendo salvador dos homens.

Ficar na cruz não é um programa a ser escolhido, mas é um desafio de vida que nos será cobrado. Os que tiverem a graça e a força da paciência até ao fim, estes serão, sem dúvida, glorificados porque seus jardins floresceram, apesar das cruzes.

9
A vida como um rio

A vida é como um rio. Como todo rio, nasce pequena e escondida. Ele, o rio, brota no fundo de uma mata, por entre pedras e ramagens; ela, a vida, dentro de uma maternidade ou na humildade de um quartinho no fundo de uma casa, nos estremecimentos de uma mulher, que rasga seu corpo para trazer à luz seu milagre.

A vida é como um rio. Cresce como ele, avoluma-se e avança com dificuldades por entre tropeços e tentativas de se afirmar sobre pés sempre inseguros. Melhor é a sorte do rio que busca sua rota sem ajuda. A vida de um ser humano é cercada de mil cuidados para poder crescer com segurança e garantir-se, em sua fragilidade, contra toda sorte de riscos.

A vida é como um rio. Contorna pedras e obstáculos de toda natureza. Lentamente, vai se deixando envolver pelo meio ambiente, fazendo-se um com ele; sem perder, no entanto, sua identidade. O rio corre aparentemente tranquilo e não reclama de nada. Cantante, segue apenas em busca de seu destino. A vida de um recém-nascido é também uma corrida contra obstáculos de toda natureza. Mas ele reclama muito. Chora e esperneia para marcar presença, para dizer "aqui estou!" e merecer atenção. A sabedoria popular foi clarividente ao lavrar o refrão "quem não chora não mama". Diferentemente do rio, que sabe o que é, ela precisa aprender a desenvolver seu incipiente projeto de ser gente. Ser rio parece fácil. Ser gente já é muito difícil. O escritor russo Dostoiévski constatou acertadamente: uma abelha conhece, desde sua nascença, os mistérios de sua colmeia, como uma formiga não tem dúvidas sobre os meandros de seu formigueiro. O ser humano precisa, no entanto, aprender a graça de seu jeito de ser. Aprende-o penosamente, lentamente, na companhia dos mais vividos, com relutância e grandes sacrifícios.

A vida é como um rio. Ele despenca em cachoeiras, não se dá por vencido quando represado por barrancos, troncos e pedras; contorna pacientemente os obstáculos e desliza, imutável, por campinas ensolaradas ou por matas sombrias e fechadas. A vida, não. Sozinha, não consegue chegar a lugar algum. Depende dos outros, na faina de entender o que dizem, de ler o que escrevem e até de comer o que necessita para sobreviver. Seu desenvolvimento, como o do rio, é também afanoso. A diferença é que, enquanto o rio segue pacientemente seu curso, a vida se impacienta e recalcitra, vencendo as dificuldades a duras penas e com enormes sacrifícios.

A vida é como um rio. Ele recebe afluentes para engrossar seu curso e tornar-se mais forte. Assim também é a vida: quanto mais outras vidas vão entrando em seu curso, mais vai se enriquecendo e crescendo em sua definição de ser. O rio recebe, com a mesma bonomia, uma flor que se aninha em suas águas, como uma pedra que o atinge e acaba por se perder em seu leito, ou um corpo que mergulha e se banha em seus remansos ou correntezas. Não bem assim é a vida, que reage diferentemente aos encontros que vai fazendo e diante das experiências que vai tendo. Quando amada, sorri; quando maltratada, se esquiva; quando ofendida, é capaz de se vingar.

Para chegar à bonomia do rio, a vida necessita de muito tempo, de muita virtude e grande amadurecimento.

A vida é como um rio. Ele tem uma vida íntima e misteriosa. Esconde muitos segredos e tem muita história. Quantas pessoas se deleitaram em suas águas! Quantas encontraram alimento em suas profundidades! Quantas usaram e abusaram de sua força e até perderam suas vidas em suas correntezas, que foram chamadas de traiçoeiras! A vida humana também tem seus mistérios, que podem ser ricos ou melancólicos, acolhedores ou traiçoeiros. Quando a pessoa a vive de coração aberto, é uma bênção. Quando, contudo, se fecha sobre si mesma, torna-se refratária aos outros e infeliz. A vida deveria aprender com o rio a receber, com igual placidez, os que vêm acampar em suas margens ou os que desejam dar um mergulho em suas correntezas interiores.

A vida é como um rio. Ambos têm um projeto que os torna inconfundíveis. Nenhum deles pode viver só para si, mas, por natureza, são um mistério aberto para quem os procura. Na medida em que aceitam companhia, mais realizam seu projeto peculiar. Se deixassem de rolar para longe de suas origens, perderiam a imponência que pouco a pouco podem ir adquirindo. A distância do próprio berço confere-lhes uma chance de maior realce e cria uma história merecedora de maior admiração e encantamento.

A vida é como um rio. Ambos obedecem a um destino inescapável, com uma diferença substancial. O rio busca o mar e, para tanto, precisa abaixar-se. A vida busca as estrelas e, para tanto, precisa elevar-se. Enquanto o rio se endereça para as profundidades, a vida sente-se tentada pelas alturas. Nenhum dos dois pode, nesta tarefa, desanimar. O rio, deixando de correr para o mar, perderia sua identidade e se transformaria num lago, nunca chegando a mergulhar no oceano. O mesmo se dá com a vida. Se desanimasse, diante das dificuldades, jamais chegaria à sua casa definitiva. Enquanto o rio corre para o grande mar, a vida aspira pelo Senhor da vida, que os homens chamam de Deus. Quando um e outro chegam a seu destino, se perdem e, ao se perderem, encontram a sua máxima identidade e a grandeza para a qual existem. Belamente, assim descreveu o mestre espiritual Osho sobre este processo:

> Diz-se que um rio, antes de mergulhar no oceano, treme de medo. Olha para trás, para toda a jornada: cumes, montanhas, o longo caminho sinuoso através das florestas, dos povoados, e vê à sua frente um oceano tão vasto que entrar nele nada mais é do que desaparecer para sempre. Ele, então, treme. Mas não há outra maneira. O rio não pode voltar atrás. Aliás, ninguém pode voltar. Voltar é impossível na existência. Só podemos ir em frente. O rio precisa se arriscar a entrar no oceano. E somente quando entra no oceano é que o medo desaparece, porque somente então o rio saberá que não se trata de desaparecer no oceano. Mas de tornar-se oceano. Por um lado, é desaparecimento. Por outro, é renascimento. Assim somos nós. Só podemos ir em frente e arriscar. Coragem! Avance firme e torne-se Oceano!

Para quem é religioso, o Oceano da vida é Deus. Não viver para a amplidão de Deus é uma tentação sem graça e, ao mesmo tempo, uma terrível frustração. Mergulhar na morte, como pessoa, assim como mergulhar no oceano, como rio, dá medo. Mas para mergulhar em Deus não há outra saída ou entrada. É preciso morrer para se fazer um só com Ele. O mistério humano é, em si, fascinante. Em Deus, ele adquire a imortalidade de um fascínio que olho algum jamais viu, ouvido algum jamais ouviu e coração algum jamais experimentou. O ser humano nasce pequeno, cresce com dificuldades, define-se com dores de parto e morre com medo. Mas este é o processo da sua vida, de toda a vida, para se fazer, então, eterna liberdade e estrela de imortal fascínio. Ou um jardim florido e encantador.

10
Correr para o mar

Uma das qualidades sobre as quais insistem muito os mestres espirituais é a da moderação ou temperança, também chamada de continência. Os três nomes dizem, com conotações e, sob formas diversas, a mesma coisa. No fundo, receitam eles a medida no que se faz e pretende.

Como contrapartida, esta virtude se opõe à cobiça desmesurada de tudo querer e de ser dono dos outros e da realidade, o que atropelaria os limites das coisas e criaria uma série de dificuldades nos relacionamentos, com graves e imprevisíveis consequências. A felicidade é avessa aos exageros e se contenta com o necessário. Como dizia um sábio motorista de táxi: "Se minha barriga se satisfaz com um bife, porque me matar por dez?"

No concreto da vida, o que mais se vê é o destempero da cobiça por ter mais e sempre desejar o que ainda falta. A pessoa acaba por não desfrutar do que nasce nos jardins de sua casa, por ansiosamente sonhar com as flores de um longínquo horizonte, que nunca serão suas. Perde com isto a paz, torna-se desatenta aos seus e força seus limites chegando ao estresse, sem sentir-se feliz.

A vida pode ser comparada com um rio, grande ou pequeno, que tem duas margens que lhe dizem: até aqui irás, daqui não passarás. E quanto mais o rio se conserva dentro da continência das margens, mais força cria, entrechocando-se nas pedras, precipitando-se em cachoeiras e ganhando velocidade em direção ao mar de seu destino.

As margens do rio encerram um não e um sim. Pelo não, o rio continua rio, não perdendo sua identidade e fugindo do risco de virar um lago, encerrado sobre si mesmo. Pelo sim, ao contrário, sente-se empurrado para seu endereço definitivo: o mar, conservando sua identidade original.

Em qualquer tipo de vida e atividade, a continência é muito importante. Somos todos limitados e não podemos, ao mesmo tempo, ser rio e lago. Quem quiser ser tudo acaba por não ser o que poderia e deveria ser.

A um discípulo que queria, a todo custo, ser perfeito e se entregava a mil penitências absurdas, um mestre disse-lhe com ternura: "Entra em tua cela, e ela tudo te ensinará".

A outro que se submetia a penitências atrozes para aprender a passar o rio andando por sobre as águas, ensinou-lhe um mestre com bom-senso: "Deixe de bobagens e não perca tempo. Dê uma moeda ao barqueiro, e ele o deixará na outra margem".

A um terceiro que queria não sentir as tentações da carne, pois achava que, com elas, ainda não era perfeito, outro mestre levou-o para o alto de uma pedra, em deserto aberto, onde soprava um forte vento, e ordenou-lhe: "Alarga os pulmões e para o vento!" Como ele dissesse que isto era impossível, o mestre ensinou-lhe: "Assim é a vida. A cada idade são inerentes suas limitações. Saber conviver com elas, sem medo, é sabedoria de vida. Se não podes parar o vento da natureza, podes ao menos abrigar-te atrás da pedra. Faz assim também com as tentações da carne e respeita a idade que tens".

A natureza não dá saltos e pouco aproveita, como diz o título de um conhecido livro, apressar o rio. Ele corre sozinho. A pessoa carrega dentro de si os limites de seus contornos e, ao mesmo tempo, a beleza de seu destino. Não perder esta beleza, forçando destemperadamente os próprios limites, é alta sabedoria que a virtude da continência aconselha e que a pessoa deve preservar com todo o coração para que seus jardins continuem florindo.

11
Com todo o coração

O doutor da Lei, que provocou Jesus em Lc 10,25, foi quem deu a melhor formulação do verdadeiro homem espiritual e religioso: "Amarás o Senhor, teu Deus, com todo o coração". Para a compreensão da temática deste livro, não importa o objeto do amor (o assim dito termo *ad quem*), mas sua intensidade. No adjetivo qualificativo *todo* está a dimensão possível de uma espiritualidade sadia, ensolarada e maximamente satisfatória.

Não se trata, por isto, de amar ou de empenhar-se "mais ou menos", de empenhar-se "um pouco" ou até "bastante", "com a boca" ou, quem sabe", até "com o corpo", "em suaves prestações" e "exigindo amor ou algo em troca", "com sentimento" ou "na admiração". Trata-se de ser e doar-se, com todo o coração, mesmo que com dificuldades e limitações naturais, àquilo que fazemos, à causa que defendemos ou à pessoa a quem amamos.

Quando dizemos *com todo o coração*, estamos apontando para a pessoa em toda a sua complexidade, com corpo e alma, psiquismo e espírito, sonhos transcendentes e pulsões instintivas, capacidade artística e criativa para cima e preguiça e acomodação para baixo. Tudo isto, complexo e complicado, ao mesmo tempo, está a serviço dos ideais espirituais da pessoa quando ela deve vivê-los com todo o coração.

O espírito, na verdade, não se parcela. Ele é sempre uma totalidade, a qual pode ser mais verdadeira ou menos, mais forte ou mais fraca. Na prática, nem sempre a pessoa consegue o que, em seu coração, pretende. Mas também entendemos que se pode estar mais ou menos inteiro, ser mais ou menos forte, abraçar com mais ou menos ardor, em termos de definição, o sujeito ou objeto de nossa consagração.

Este "mais" ou "menos" dá a medida de uma espiritualidade que será, para nós e para os outros, mais ou menos maravilhosa e admirável.

Dentro do âmbito desta reflexão, com jeito de rodapé ou parêntesis, seria importante uma distinção em que se dissesse que muitas pessoas altamente espirituais não foram nem são explicitamente religiosas. Por outro lado, muitas pessoas de altas afirmações religiosas não foram nem são grandemente espirituais.

Trocando em miúdos e explicando melhor, a espiritualidade é a ciência dos grandes valores e o caminho do espírito, que pode não se abrir para o definitivo valor da transcendência do divino, enquanto que a religião pode, na prática de seus seguidores, não propiciar, infelizmente, a sensibilidade para os grandes valores espirituais humanos.

Uma pessoa, por isto, pode ser muito religiosa sem apresentar necessariamente grande espiritualidade, como o inverso também é verdadeiro. Uma pessoa espiritual pode terminar sua vida sem a descoberta do religioso e do divino.

Dentro das igrejas, não é raro encontrarem-se pessoas com muita religião e pouca fé, assim como fora delas há os que têm muita fé e nenhuma religião. Religião e espiritualidade não são conceitos que se equiparam e que apontam necessariamente para a mesma direção.

O certo é que a pessoa do *todo* apresenta a beleza de uma vida interior, quando se abre, esquecida e em paz consigo mesma, para o mundo dos valores e dos clamores dos outros. Na fé religiosa, pode-se também ter, como disse Pascal (1623-1662), uma janela aberta para o infinito, reconhecendo Deus como o supremo valor da vida e seu valor definitivo. Quando isto acontece, a vida pode ser pobre, mas é alegre, pode sentir-se pequena, mas se faz imortal, e, mesmo se sentindo dependente de obsessões dolorosas, é livre, cheia de esperanças, cantante e soberana.

Viver é um ideal que requer a intensidade de um *todo*. Não importa qual seja. Uma mãe pode estar *toda* em sua maternidade; um médico, em sua clínica; um gari, na limpeza de sua cidade. Podemos ser *todo* em qualquer coisa ou diante de qualquer desafio. Assim como podemos não sê-lo. Isto faz com que tenhamos uma vida exuberante ou raquítica, alegre ou entristecida, sadia ou doentia, mais ou menos espiritual.

A cada dia é preciso fazer um ato absoluto de fé, mesmo tendo que viver a dimensão relativa dos acontecimentos. Mas a grande vida sempre merecerá toda a intensidade das pequenas vidas individuais.

A vida não nos pertence e ela não é nossa. Somos apenas a moldura onde ela acontece. Outros são o Criador e os pintores de nossa vida. Deixar-se criar e pintar por uns e outros, no temor e com tremor, é que nos fará mais espirituais e menos melancólicos e frustrados. De nós, a vida pede apenas a complementação do *todo*. Que a amemos e a vivamos *com todo o coração*.

12
Mendigos é o que somos

Apesar de nossos talentos e riquezas, mendigos é o que somos, uns pobres mendigos. Podemos ter muitos bens, mais do que necessitamos, mas não temos tudo, falta-nos muito, infinitamente mais. Ninguém de nós, por exemplo, é dono da água com que lava o rosto, ao acordar de manhã. Ninguém de nós é dono do ar que respira. Ninguém é dono do firmamento que nos cobre, sem nada nos cobrar, com os raios do sol e com o espetáculo das chuvas. Ninguém é dono do trigo que comemos, em forma de pão. Ninguém é dono da rua em que moramos nem das pessoas com que convivemos. Ninguém é dono da educação e do companheirismo dos que nos cumprimentam quando chegamos ao trabalho.

E por aí vai. Na verdade, poderíamos nos perguntar: "De que somos, realmente, donos?" Quase sempre teríamos de responder: "Não somos donos nem do próprio nariz..." Por que, por isso, orgulhar-nos tanto, mostrando-nos superiores aos que parecem ter menos do que nós? Eles podem, na verdade, ter menos bens materiais, menos estudos, menos posição social. Mas, quantas vezes, estas mesmas pessoas são infinitamente mais ricas do que nós em virtude, em bons modos, em simpatia! São mais lindas do que nós, são mais religiosas e merecedoras de mais aplausos do que nós!

Você pode ter muito dinheiro, fama e poder; você pode desfilar todo engravatado e com passo firme de dominador; você pode sentar-se na ponta da mesa e participar de decisões que mexerão com a vida dos outros, mas você não deixa de ser um pobre mendigo.

Você depende basicamente dos outros em tudo: para trabalhar, para se vestir, para se sentir seguro, para amar e ser amado. Para que se sinta bem, quantas vezes você necessita de um mísero comprimido! Acima de tudo, você não sentiria, sem os outros, pequenas e indispensáveis alegrias de viver.

E se falássemos de coisas espirituais! A sua pobreza, no campo da espiritualidade, talvez seja avassaladora. Perdão se lhe digo que você passa, às vezes, a impressão de ser apenas um pavão de penas multicoloridas, desfilando sua sem senhoria aos olhos admirados dos invejosos, enquanto você se esquece de olhar para seus horrorosos pés de barro. Quando você se encontra sozinho, longe dos olhares aparvalhados dos que o invejam, porque eles não veem o seu interior, sendo eles, quem sabe?, pobres como você, sobra-lhe apenas o espelho para denunciar suas vaidades. E, aí, onde acaba a encenação, surge sua real pobreza.

Olhe para a história e lembre-se de Roma, da Roma imperial dos Césares. Ninguém, possivelmente, em toda a história humana, apresentou maior esplendor e se comportou com maior arrogância. A senha "sou cidadão romano" era um passaporte cobiçado e garantia de privilégios e de impunidade. Poder, glória e... despudor! E, no entanto, o orgulho romano não resistiu ao tempo: sumiu tristemente e para sempre do mapa da história.

Onde estão o pão e o circo patrocinados pelos imperadores e servidos, como anestésicos, aos seus cidadãos? Os grandes, os Césares, os pavões arrogantes de Roma, que criaram o *mare nostrum* e humilharam tantos povos, terminaram como pobres mendigos que a morte reduziu, inapelavelmente, a um punhado desprezível de cinzas.

Séculos mais tarde, só para continuar neste voo rasante sobre a História, a Idade Média, que conheceu a grandeza singela de São Francisco de Assis e a eloquência exuberante de Santo Antônio de Lisboa e de Pádua, foi, ao mesmo tempo, uma idade de esplendor e de profundas misérias. Os papas se autoproclamavam senhores das "duas espadas", da divina e da temporal, mandando e desmandando no destino das pessoas e dos povos.

Ao lado deles, imperadores de grandes ou insignificantes reinos eram os senhores da guerra, que matavam o seu tempo exterminando e infelicitando seus súditos, na desesperada tentativa de garantir um poder que era desumano e falaz. Nenhum deles, papas ou imperadores, escreveu, com todo o esplendor de suas conquistas, seu nome na admiração da história humana.

Quando, no ano 2000, a revista *Times* perguntou ao mundo quem tinha sido "o homem do milênio" ou a estrela de maior brilho da nossa história, nos últimos 1.000 anos, não foi eleito um general conquistador, um cientista renomado, um poeta ou um escritor de uma grande e imortal obra, um papa ou um imperador, mas os votantes apontaram e elegeram, encantados, o *poverello*, o pobrezinho, a humilde criatura de Deus, aquele que se intitulava "menor e pecador", São Francisco de Assis.

Pensemos um pouco sobre isso. Por que São Francisco de Assis foi apontado como o mais alto pico da paisagem humana 1.000 anos de história? O que ele fez de tão maravilhoso durante uma vida curta de apenas 45 anos?

Beijou um leproso, que lhe causava repugnância, abandonou as riquezas da casa de seu pai e se casou com a "senhora e dona Pobreza", ele amou o Homem das Dores, na pessoa de Jesus, e ele se fez irmão de todas as criaturas, do lobo de Gubbio, da irmã cotovia, do Sol e da Lua, da água e do fogo.

Mendigo, pobre mendigo, como todos nós, São Francisco deixou-se encantar com a riqueza dos outros, de Deus e dos homens, das criaturas vivas, dos riachos cantantes e dos pessegueiros em flor. Foi, por isso, que um país, os Estados Unidos, de maioria protestante, o escolheu para ser o "homem do milênio", reconhecendo nele o grande ideal de que é possível ser grande e inesquecível quando nos tornamos, mesmo sendo mendigos, irmãos uns dos outros e reconhecemos Deus como Pai e Senhor.

Não basta ter poder e exércitos, tronos e castelos, e ostentar uma coroa de ouro. A empregada de sua casa sabe que tudo isto não passa de falsos brilhos enganadores e perigosos de uma situação sem futuro, que não consegue esconder a raiz de sua pobreza humana. Reis e imperadores, papas e soberanos são, finalmente, tão mendigos como os pobres de nossas ruas e praças.

A verdadeira grandeza humana tem como fundamento a consciência de sua pobreza e pode florescer em todas e quaisquer dependências. Somos todos, ricos ou pobres, reis ou súditos, radicalmente mendigos. Ter consciência desta verdade é o começo da verdadeira sabedoria.

Tornamo-nos mestres da arte de viver quando nos reconhecemos menores e pobres, dependentes e mendigos. Aí, então, a força da espiritualidade escolherá a nossa casa e nos coroará com uma auréola mais brilhante do que o ouro e mais transcendente do que qualquer trono. Nossos jardins, então, serão floridos.

II
NOS JARDINS DA VIDA

13
A maior riqueza

Eis uma verdade redonda e irretocável: Não há riqueza maior do que a vida. Aliás, é o que garantiu Jesus em Mc 8,36-37: "O que adianta alguém ganhar o mundo inteiro se vier a perder a vida? Ou, o que se pode dar em troca da própria vida?" Nada e tudo, simplesmente. Aliás, estampei este pensamento no título de um livro meu: *A vida é um luxo – O grande luxo é viver*.

O melhor de todos os tesouros é viver apaixonado pela graça de viver, acordando a cada manhã para seu desafio exaltante e sempre fascinado por sua estupenda e surpreendente beleza. Os céus podem, às vezes, estar cinzentos, mas, apesar de tudo, os jardins da vida continuam florindo e os pássaros cantando nos galhos das árvores dos nossos pomares.

Sobre a vida, deveríamos estender todos os dias as mãos para abençoá-la, abrir bem os braços para abraçá-la e levantar as mãos aos céus para agradecê-la.

O universo é uma grande liturgia e uma interminável festa que é abençoada por quem se declara o grande "amigo da vida" (Sb 11,26): Ele, Deus, simplesmente Deus.

O mal, o grande pecado, é entristecer e adulterar a vida e, assim, desonrar seu Criador.

O bem é lavar os pés da vida, semeando alegria e alimentando as esperanças de quem sonha que amanhã seus caminhos serão mais floridos.

Pense bem e confesse: há algo mais desejável do que apenas respirar a plenos pulmões e viver de coração aberto e pulsante o mistério de cada novo dia? Há algo de mais desejável do que ouvir o que os outros falam, contemplar a beleza dos jardins, trabalhar, sendo criador de um mundo novo, vivendo extasiado por amar e ser amado, alegrando-se com as traquinices das crianças, a tranquilidade dos rostos enrugados dos idosos, dando e recebendo um "bom-dia", carregado de afeto e amizade?

Eu sei, todos sabem que a vida não é só isso. Há suor e sangue, há encontros e desencontros. Nem sempre nos levantamos com vontade de trabalhar, nem sempre as pessoas nos entendem e nossos desejos nem sempre se realizam. Quantas vezes a idade pesa e desejaríamos que os outros simplesmente nos esquecessem! Sim, tudo isso dói, é real e não somos ingênuos alimentando sonhos impossíveis.

Mas, responda para si mesmo! Quantas coisas boas acontecem em seus caminhos para as quais você vira a cara e dá as costas, preferindo as lamúrias para um desamor, ao invés da alegria das pessoas que batem à sua porta com cara de bons amigos?

Diga, honestamente, se há algo de mais desejável do que acordar a cada manhã, depois de uma noite bem-dormida, agradecendo por poder calçar um chinelo e começando o dia com uma prece? Tomar, depois, em boa companhia, um bom café com pão e manteiga? Rumar, então, para o trabalho, cruzando com centenas de pessoas pelas ruas? Há algo melhor do que ser de paz e jardineiro da esperança, crendo que Deus é um Pai que faz seu sol nascer igualmente sobre bons ou maus?

Que há de mais gostoso do que simplesmente viver, de coração aberto, sem dar exagerada atenção a si mesmo, mas antes pensando que os outros são companheiros de jornada e operários de um mundo melhor?

Ah, a vida! Tudo isto é vida, é vida que faz a vida ter sentido. Tudo isto é graça, é graça pura que clareia nossas relações humanas e torna a vida mais ensolarada. Abramos bem os braços e nunca deixemos de agradecer pela graça de viver!

Ofereçamos a Deus as nossas lágrimas, os nossos sonhos e cruzes, e nunca deixemos de pensar que Deus palpita dentro da sua criação, dando-nos todas as graças de que precisamos para bem viver!

Por nada deste mundo eu daria minha vida. Aliás, eu só a daria por amor, por um grande amor. Por amor a Deus, meu Criador, e por amor aos outros, meus queridos irmãos.

14
Cuidar da vida

Eis algumas interjeições com uma preocupação redonda e *inelutável*. Você pode estar se sentindo bem, mas há muitas pessoas que não se sentem como você!

Você pode estar na gostosura de uma família, na alegria do trabalho, na expectativa de um salário justo, mas quantos há que estão correndo, aflitivamente, atrás de um emprego para poder ter feijão e arroz em sua mesa!

Você pode estar à mesa, com uma toalha limpa e estendida e alimentos saborosos tomando um bom café, mas há muitos rostos macilentos, à míngua de um mísero pedaço de pão!

Você pode estar numa festa, se divertindo, bebendo e dançando, amando e sendo amado, mas quantos há que estão com o olhar turvo e o coração carcomido pela tristeza, pelo desprezo e pelo ódio!

Você pode estar enxugando amargas lágrimas de quem sofre por solidão e desamor, mas quantos estão chorando, sozinhos e abandonados, sem ninguém para consolá-los!

Você pode estar dando de mamar a seu neném, mas quantas mulheres estão suspirando por uma maternidade e pela alegria de ter um filhinho! Você pode estar abraçando um filho e sentindo a doçura de ser pai ou mãe, mas quantos há que nunca sentirão esta alegria, sabendo que nunca serão nem pai nem mãe, nem poderão dizer um dia: "Esta criança é minha, este neném é meu filho"!

Você pode estar se sentindo o máximo, mas há pessoas que estão sentindo vergonha de si mesmas, porque, para elas, a vida é um desencontro e mais parece um inferno!

Longe de querer macular sua alegria, já é hora, quem sabe?, de você se importar um pouco mais com os outros e de cuidar um pouco mais da vida que é, ao mesmo tempo, tão bonita para uns e tão triste e cruel para tantos outros. Podendo, não deixe de fazer florir os jardins de seus vizinhos.

15
O grande amigo da vida

São Jerônimo disse que o trechinho do Livro da Sabedoria (11,22-26) seria o mais lindo de todo o Antigo Testamento. Vamos citá-lo:

> Sim, o mundo inteiro está diante de ti como um grão de areia na balança, como gota de orvalho matinal que cai sobre a terra. Porque tudo podes, tens compaixão para com todos e fechas os olhos aos pecados das pessoas, para que se arrependam. Sim, Tu amas todos os seres, e nada detestas do que

fizeste; pois se odiasses alguma coisa, não a terias criado. E como poderia subsistir alguma coisa, se não a quisesses? Ou como poderia conservar-se, se não a tivesses chamado? Mas Tu poupas a todos, porque te pertencem, ó Soberano amigo da vida.

Deus é o grande amigo da vida. Tudo se encontra em sua mão e Ele a todos abençoa, não despreza nada, pois todas as coisas lhe pertencem.

Um dia fui convidado a falar sobre Deus para Alcoólatras Anônimos, pessoas que, normalmente, sofrem de certa autoestima. Comecei citando o trechinho acima do Livro da Sabedoria e acrescentei: Queridos amigos: Hoje é, para mim, o dia mais importante em muitos anos. Há três cenas nos evangelhos que relembro com emoção:

A primeira: uma pobre mulher perde uma pequena moeda das poucas que tinha. Acende todas as luzes da casa e a procura afanosamente. Ao encontrá-la, chama as amigas e vizinhas e faz uma festa.

A segunda: um pastor perde uma ovelhinha das 100 que tinha. Deixa as 99 no aprisco e sai preocupadamente em busca da transviada. Ao encontrá-la, põe-na nos ombros, volta feliz para casa, reúne os amigos e vizinhos e faz uma festa.

A terceira: um pai sobe, todos os dias, uma montanha e fica olhando a última curva do caminho, na esperança de ver seu filho voltando para casa. Quando o vê, corre em sua direção, abraça-o com ternura, nem dá tempo para que lhe peça perdão, chama seus criados para que o cubram com roupa nova, pondo-lhe sandálias nos pés e um anel no dedo. Depois, chama os amigos, manda matar um novilho e faz uma grande festa, porque seu filho que tinha se perdido, estava agora de novo em casa; ele, que tinha morrido, agora estava vivo, embora com lágrimas nos olhos e coração compungido.

Vocês e eu somos esta moeda que Deus procura, esta ovelhinha que se perdeu, este filho que foi embora, cheio de sonhos, mas que acabou voltando para casa com os pés feridos e amedrontado. E Deus convoca o céu e a terra para uma grande festa.

É por causa dessa festa que estou aqui, cheio de alegria, queridos irmãos alcoólatras, para participar de uma linda festa. Este dia é único e importante para mim. Estou aqui para fazer festa com Deus e com vocês. Vocês são "o milagre da sobriedade" para o qual eu olho feliz e admirado!

Podemos nos sentir perdidos, mas não devemos nos sentir abandonados. Alguém está à nossa procura, desejoso de fazer uma festa quando voltarmos para casa. Abandonemos os chiqueiros da vida e voltemos para os jardins da casa do nosso Pai. Eles continuam florindo para todos. E lembrem-se sempre de que Deus é o grande amigo da vida, das suas vidas, de todas as vidas.

16
Uma palavra

Talvez você já tenha sentido a necessidade de uma palavra amiga num momento de extrema tensão e de profunda tristeza.

Quantas pessoas sem destino, batendo pernas pelas ruas, olhando para os outros e não encontrando quem olhe para elas.

Parecem carregar nos ombros uma pesada cruz, à procura de um cireneu que lhes dê uma pequena ajuda e lhes faça um pouco de companhia.

Suas bocas estão secas e seus corações não cantam nem sentem as músicas que enchem os jardins com o brilho do sol ou com a fecundidade das chuvas.

O mais triste é que tais pessoas falam sem que ninguém as escute. Buscam uma palavra que todos, na pressa, não têm tempo para lhes dar atenção.

Uma palavra, uma simples palavra amiga. Como são importantes as palavras!

Fala! É preciso falar, romper o silêncio e encher de esperança os que mendigam por um pouco de atenção. Se não puderes fazer um discurso em defesa dos miseráveis, olha, ao menos, para eles e dá-lhes, com afabilidade, um "bom-dia" com os olhos, com o sorriso e com o coração. Melhor, ainda, seria se tivesses tempo e coragem para abraçá-los. Farias, com certeza, seus jardins florirem.

17
Abraçar

Abraçar uma criança é carinho.
Abraçar um idoso é respeito.
Abraçar um pai é gratidão.
Abraçar uma mãe é veneração.
Abraçar um filho é pura felicidade.
Abraçar um namorado é pulsante paixão.

Abraçar uma causa comum é cidadania.
Abraçar um trabalho é responsabilidade.
Abraçar um pobre é nobreza espiritual.

Abraçar um doente é solidariedade.
Abraçar a cruz é grandeza e obediência.
Abraçar um santo é devoção.
Abraçar a Deus é adoração.
Abraçar a quem precisa de um abraço é sensibilidade.
Abraçar a vida é desafio, obrigação e destino.
Abraçar um grande amor é o paraíso.
Abraçar só a si mesmo é um inferno.

18
Os jardins continuam florindo

A dor de viver pode, momentaneamente, obscurecer a beleza dos jardins que continuam florindo. A dor, que tanto nos faz olhar para nós mesmos, pode também fazer-nos olhar para longe, levando-nos a não ver os jardins que florescem debaixo de nossas janelas.

As alegrias de viver ainda e sempre serão mais desejáveis do que as temíveis tristezas do dia a dia.

Há coisas singelas e comezinhas que são como flores do nosso jardim: espreguiçar-se como um gato ao acordar, tomar devagar um bom copo d'água, um bom banho, escovar os dentes, perfumar-se, dar e receber um bom-dia, viver sem estresse e trabalhar sem má vontade e sem reclamar de tudo e de todos, amar a própria casinha, comer e vestir uma roupa limpa, caminhar pela cidade e encontrar pessoas desarmadas que têm um coração bom e amigo, olhar para o céu, ter fé, fazer um sinal da cruz e ser uma pessoa de esperança. Tudo isso são flores, flores nos jardins da nossa vida.

Há os que, penosamente, lambem as feridas do próprio coração. Transformam o lago de suas vidas num triste pântano de insofridos padecimentos.

Quantas pessoas entram numa igreja e pensam que estão num hospital! Quantas se sentam à mesa e só se lamentam da mesma comida de sempre! Há outras, muitas outras que não têm olhos nem coração para o milagre da vida e para a beleza dos jardins!

Para todas elas, seria preciso gritar: Levantem a cabeça! Deixem seus rostos inundar-se de sol! Curtam a vida! Nos cemitérios, ninguém mais tem esse privilégio. Não vivam como derrotados, como se fossem um poço de águas amargas! Há muitas pessoas olhando para vocês e invejando sua sorte e vida. Lembrem-se, há muitas pessoas que até gostariam de ajudá-los, se vocês o permitissem.

E há principalmente um Deus que olha para vocês com carinho e está sussurrando: "Vocês são meus filhos! Eu os amo divinamente, apaixonadamente! Como gostaria que olhassem para seus jardins que continuam florindo com a minha graça. Por que não aspiram o perfume das flores? Por que não são pessoas ensolaradas? Abram bem, de par em par, o coração. Sem medo! Sem rancor! A felicidade está bem perto de vocês. Eu sou o Senhor e o Servo de todas as vidas, e a vida é um luxo. Só lhes falta descobrir que o grande luxo é viver e que os jardins continuam florindo para todos e para todo mundo!"

Os jardins só não florescem na casa dos egoístas, dos prepotentes, dos arrogantes, dos muito espaçosos e dos chatos, dos que olham a vida sem achar graça em nada, dos doentes da alma e do coração.

Se há algo que vale a pena é viver de coração aberto, não sendo um hospital ambulante ou um hospício entristecedor, mas uma casa acolhedora, um sorriso sincero e gratuito, uma palavra boa, um jardim florido. Junto a tais pessoas dá gosto viver e dá vontade de aplaudir o milagre da convivência e da vida.

19
As portas do inferno

Ler jornais, ver televisão, acompanhar a vida do mundo, escutar os sussurros ou clamor do povo nas ruas não deixa de ser um exercício penoso que nos faz perder certa inocência retardada, que gostaria de continuar acreditando que não estamos longe do paraíso perdido. Infelizmente, ainda estamos, e muito! Vamos a alguns fatos e comecemos com uma colagem:

Internacionais: Pai, em Dallas, mata filho de 3 anos porque fazia barulho durante a transmissão de um jogo de futebol. – Crime organizado é o oitavo **PIB** do planeta e movimenta 1 trilhão de dólares. – Mulher se suicida após matar dois em igreja na Alemanha. – Islâmicos radicais degolam 35 na Argélia. – Anônimos se incendeiam na Bulgária. – Pedofilia volta a assombrar belgas. – O suicídio mata duas vezes mais do que os acidentes automobilísticos na França. – Escândalos levam à cadeia políticos sul-coreanos. – 350 mil hutus, expulsos da Tanzânia, voltam à Ruanda. – Condenados russos preferem a morte à prisão perpétua. – Denúncias de corrupção se avolumam no Equador. – Dois governadores mexicanos envolvidos com o narcotráfico. – Argentina: 48% dos jovens pobres abandonam a escola. – Americanos matam, atualmente, mais suas crianças. – Um em cada 7 negros não pode votar nos Estados Unidos. – Crianças judias e árabes vivem em meio a ódio e desconfiança. – Casal alemão oferece criança por US$ 8.000 para tortura. – China aperta cerco contra intelectuais. – 850 milhões de pessoas dormem com o estômago roncando de fome. – América Latina tem o maior índice de homicídios do mundo: 20 para cada 100 mil habitantes. – Americanos gastaram, em 1996, 5 bilhões em presentes de Natal para seus cães e gatos. – Em menos de um mês, 32 pessoas morrem em assaltos nos Estados Unidos.

Nacionais: Brasil gastou, em 1996, 1 bilhão em supérfluos – 1,1% detém 43% das terras férteis no Brasil. – Bebê disputa vaga em UTI de Fortaleza. – No Brasil, a desigualdade social é escandalosa. – 5 menores são mortos por causa de R$ 0,55. – Em 1996, o Brasil teve 500 mil contaminados com HIV e poderá perder até 3,6 milhões se doença afetar todos os infectados. – Brasil já ultrapassou 500 mil mortos por Covid-19. – Mais de 2 milhões de dependentes utilizam psicotrópicos no Brasil. – Polícia prende canetas escolares com recheio de cocaína. – Dom Paulo Evaristo: Nossas prisões são uma vergonha. – Aumentam as denúncias contra a prostituição infantil. – Guardas surram até à morte homem que dava gargalhadas com amigos. – 19 sem-terra do Pará foram executados. – Freira é morta em favela de Recife e a Irmã norte-americana é assassinada em Anapu, Pará. – Bandidos fardados enojam o país. – Hospitais públicos ficam sem remédio em plena pandemia. – Pacientes morrem por falta de oxigênio. – Ex--presidente constrói mansão de milhões de dólares com torneiras douradas. – Delação de doleiro vai atingir ministros. – Bandidos usam fuzil para roubar desempregados. – Propina era recebida em banheiro. – Assédio sexual em transporte público. – No Planalto, fritura; no Senado, conchavos; no país, corrupção. – Cada dia sem aula é uma tragédia. – Artistas denunciam matança de gatos.

Números frios? Manchetes sensacionalistas? Muito mais do que isto! São indignidades e lágrimas, sofrimentos e mortes, irracionalidades inadmissíveis e deboches à humanidade, que cobrem o mundo de vergonha, horror e interrogação. Por quê? Por que a cada minuto morrem 70 crianças de fome, se os armazéns do Primeiro Mundo estão abarrotados de comida? Por que a indústria de armas movimenta US$ 500 bilhões por ano, enquanto falta dinheiro para comprar comida nos países em desenvolvimento?

Quando se pensava, após o término da Guerra Fria, que uma nova era de paz e prosperidade poderia estar às portas do nosso tempo, deparamo-nos com as portas do inferno escancaradas e o desespero dos condenados.

É, sem dúvida, consolador ter uma mesa farta, os filhos em boas escolas e nossos doentes bem atendidos em hospitais. Mas o ruído das guerras, o sofrimento dos pobres e o desprezo pelo ser humano não podem ser jogados para debaixo do tapete de nossos olhos cansados, debitando-se e absolvendo-se a insensibilidade humana com um indesculpável atestado de impotência.

Temos um destino comum, um ideal de humanidade e há um plano de Deus que é de salvação para todos.

A fé, que nos dá a certeza do fim, também precisa manifestar-se como indignação profética diante do clamor dos oprimidos. Não se pode viver tranquilo diante do assanhamento do mal. A vida é uma bênção e um milagre, e não pode ser sentida e vivida como uma maldição diabólica sem chances de redenção.

Os seguidores de Cristo e dos messias de outras religiões não podem continuar crucificando seus irmãos. A cruz, que nós, cristãos, veneramos como salvadora, enfim, está vazia. Ele, depois de ressuscitado, desceu aos infernos para libertar os condenados, e não para perpetuar seu desespero.

Por isto, perguntamo-nos: Como cantar em nossas igrejas, enquanto milhões de pessoas não encontram, diante de tanta maldade, motivos para acreditar no Deus que professamos?

Como sonhar com o céu, com jardins floridos, enquanto nossos semelhantes só conhecem as portas do inferno, trancadas e sem esperança?

20
Entregando as chaves

Com muita beleza escreveu a escritora gaúcha Lya Luft: "Morrer não é ser deletado: aquele que aparentemente nos deixou está preservado no casulo de seu mistério, sem mais risco, doença ou tormentos".

O Livro do Apocalipse diz semelhantemente: "Vi então um novo céu e uma nova terra, porque o primeiro céu e a primeira terra haviam desaparecido Ouvi uma voz forte que saía do trono e dizia: 'Esta é a tenda de Deus, entre os homens. Ele vai morar com eles. Enxugará as lágrimas de seus olhos e a morte já não existirá. Não haverá mais luto, nem pranto, nem dor, porque tudo isso já passou'" (21,1.3-4).

A morte será uma páscoa e uma apoteose. Choramos quando outros morrem e tremermos quando sentimos que se aproxima a nossa vez. Quando ninguém já não nos poderá valer, Deus fará valer suas promessas de vida eterna.

Fechados os olhos para esta vida quando os abrirmos para Ele, que nos dirá: "Quem bom que você voltou para a casa de onde você saiu por uns poucos anos de vida. Seja bem-vindo! Deixe-me abraçá-lo, meu filho. Vai entrando. A casa é sua. Aqui você só conhecerá a glória e a alegria, e viverá em paz. Ninguém mais nos separará. No céu, não há morte ou tristeza, nem saudades do mundo que ficou para trás. De hoje em diante, você participará de um banquete e serei Eu quem o servirá. Abrace-me! Coloque seu coração perto do meu e deixe-me sentir a felicidade de sua chegada. Nunca mais e nada mais nos separará um do outro, meu filho".

Oração de quem está partindo

Quando a morte começar a rondar minha casa,
fica comigo, Senhor.

Não me abandones!
Quando ela bater à minha porta, dá-me a coragem de atendê-la.
Quando ela tomar minha mão, faze-me sentir tua presença.
Quando ela me convidar para as últimas despedidas, chama-me Tu, meu bom Senhor.
Quando tiver que chorar uma última lágrima, enxuga-a Tu, meu Jesus.
Quando a morte fechar meus olhos, que eu só possa ver o teu rosto.
Quando tiver que entregar as chaves de minha casa, abra-me a porta de teu Reino.
Quando tudo tiver passado, que eu ainda acredite em teu amor que não passa.
Quando a morte disser: "Vamos!", dize Tu: "Vem! Não tenhas medo!"
Então irei confiante em teu poder, sabendo que serei eternamente feliz. Amém.

III
NOS JARDINS DA FELICIDADE

21
Ser feliz

A felicidade tem um quartinho simbólico e misterioso, especial e escondido: o coração humano. É do fundo do coração que todos desejam ser felizes. Mas, cuidado!, o coração humano, que pode ser virtuoso e verdadeiro, pode também ser falacioso e tortuoso.

Grandes mestres espirituais sempre se fizeram sensíveis a essa profunda aspiração do coração humano: a de ser feliz. Esmeraram-se em refletir sobre ela, em definir-lhe a natureza, denunciando possíveis engodos, que chamaram de tentações, e propondo comportamentos pertinentes, que chamaram de virtudes, à sua realização.

Na Espiritualidade concentra-se o que de melhor conhecemos da sabedoria humana. De Jesus, seu mais ínclito expoente, diz-se que foi a encarnação e revelação da sabedoria de Deus e de sua felicidade, total, plena, redonda. Nele se deram as mãos duas realidades, a saber: o paraíso perdido, que Ele reabriu com seu sangue, e as promessas do Reino dos Céus, que Ele anunciou com palavras e confirmou com milagres.

Se, em Jesus, a vida espiritual conheceu sua mais excelente expressão, não deixou, igualmente, de brilhar em grandes e conhecidos homens ou mulheres que criaram escolas de espiritualidade e em pessoas simples e anônimas que foram e são, indiscutivelmente, mestras da arte de viver espiritualmente.

É escusado admitir que há muitas espiritualidades, além da cristã. Todas elas, enquanto humanas, são legitimamente sadias e caminhos a serem seguidos e perseguidos com denodo e segurança.

Em nossa reflexão, não o fazemos exclusivamente, mas, sim, essencialmente, como cristãos. Estamos abertos, na admiração, a todas as experiências espirituais. E não é preciso ser cristão para dizer que se deve rezar sem neuroses, morrer sem desespero e não culpar Deus pelo que nos acontece. Não é também preciso ser cristão para saber o quanto é bom perdoar, corrigir o que está errado e não idolatrar o diabo.

Encareceremos, com alegria, a importância de alimentar os sentimentos de Cristo, almejando o ideal de uma santidade sem rabugices e refletindo sobre os dolorosos e beatificantes caminhos de crer na Palavra de Deus, sem parcimônia e de olhos fechados.

Não dá para ter espiritualidade e ser espiritual sem fé em Deus ou nos destinos humanos, sem fazer ascese por amor de alguém ou de uma grande causa. Quando alguém, conscientemente, se entrega ao itinerário do crescimento espiritual, mudam-se seus horizontes e aprofundam-se seus compromissos com o que lhe é superior.

A verdadeira Espiritualidade, assim como a boa Psicologia, tem, no fundo, um discurso que aponta para o paraíso perdido e apresenta propostas e caminhos de felicidade. Uma Espiritualidade que não conhecesse o endereço da Casa da Felicidade e teimasse em entristecer as pessoas, seria falsa.

Estou convencido de que a pior estupidez humana é a da guerra e que o supremo bem desta vida é a paz. É isto o que prega a Espiritualidade dos grandes mestres, sendo um dos objetivos de qualquer vida normal e sadia: que vivamos em paz, que nos amemos como irmãos e que, em paz, honremos o santo nome de Deus. Sem paz não dá para ajoelhar-se numa igreja nem fazer a festa da vida. Hoje, como sempre, os sonhos do amor procuram o endereço da casa da Paz. E só com paz no coração é possível ter espiritualidade, ser feliz e fazer florir os jardins.

22
A cidadela da felicidade

As constituições de alguns países declaram que o homem tem direito à felicidade. Sem dúvida, tem. O desejo de ser feliz é, na verdade, um anseio insopitável do coração humano. Mas muitos livros de autoajuda garantem que é fácil ser feliz. Será?

Um dos grandes equívocos das nossas tentativas humanas é a de supor que a cidadela da felicidade pode ser tomada de peito aberto, ao comando da vontade, num estalar de dedos. O homem, por querer ser feliz, pensa poder apoderar-se da felicidade. Coloca-se, por isso, muitas vezes, com armas e bagagens, meio quixotescamente, em seu percalço, animado pelo fascínio de tão insopitável desejo. Ledo e trêfego engano!

A felicidade não é um anseio que se conquista na raça, a golpes de bravura. Nem com o derramamento incontido e teatral de lágrimas. É, antes, uma arte, como a arte de viver, que só acontece quando alguém luta e se opõe aos demônios da infelicidade, que atendem por nomes como egoísmo, individualismo, falta de maturidade e fixação em mamadeiras, que eram legítimas num certo momento da vida, mas que denotam uma infantilização inadmissível quando a pessoa já deveria ter a disposição e o caráter de um "sim" e de um "não" em seus relacionamentos adultos.

Alguém disse que para ser feliz no casamento o importante não é encontrar a pessoa certa, mas ser esta pessoa certa.

Viver pode não ser muito difícil, mas conviver não é fácil. E não é fácil ser feliz. Há uma lei superior para ser feliz: morrer para o próprio eu e viver para os outros.

Se você é feliz, você conhece o preço da felicidade, que é oneroso, doloroso e pode ser crucificante. Ajude os outros a serem também felizes, não facilitando seus desafios, mas fortalecendo seu espírito que, feliz, poderá, então, cantar a beleza dos jardins, o canto dos passarinhos e a beleza de um abraço jubiloso e ensolarado.

23
O maior tirano

Surpreendentemente, São João reporta a palavra de Jesus: "Quem crê em mim não crê em mim, mas naquele que me enviou" (12,44). Aparentemente, Ele parece desautorizar-se! Mas não é este o sentido mais profundo de sua afirmação. Pelo contrário, esta sua afirmação é sintoma de uma grande pureza de vida e de sua mais sadia configuração psicológica.

Na verdade, somos todos mandados, não para fazer o que pretendemos, mas para obedecermos ao que a vida nos pede. É muito tentador nos arvorarmos em fautores e senhores dos próprios atos e palavras, buscando, consequentemente, aplausos para o que dizemos e fazemos. Pessoas descontentes buscam ansiosamente a aprovação dos outros, aprovação que poderá causar-lhes passageira satisfação, mas ser também fonte de sofridos desenganos.

Difícil é aceitar a solidão da verdade e a secura do deserto. Conviver com nossa fé pode ser muito penoso. Falaciosamente, todos sonham com plateias e as buscam sofregamente.

Mas, no silêncio do nosso quarto, ou no fundo de nós mesmos, todos entendemos que a felicidade não vem, obrigatoriamente, acompanhada com o estrépito das palmas ou respira os incensos da aprovação dos admiradores. Pelo contrário, ela é um contentamento interior que brota dos destinos dos quais não somos nem fautores nem senhores. Quanto mais obedientes somos a eles, mais felizes, com certeza, nos sentiremos.

Mahatma Gandhi cunhou um pensamento irretocável: "O único tirano que aceito neste mundo é a pequena voz dentro de mim". E esta voz não é minha, embora esteja em mim. Ela me faz e me identifica, e eu vivo dela e para ela. Sem ela, caso lhe desobedecer, enlouquecerei. Quando lhe obedeço e faço sua vontade, honro aquele que é seu fautor e senhor, e me pareço um pouco com o Mestre da vida, que é Jesus. Então, no Monte Tabor ou no Calvário, meus jardins, certamente, poderão e estarão florindo.

24
Anemia espiritual

Nossa época se ressente de uma sensível e difusa anemia espiritual, que marca as pessoas, em particular, e a sociedade, em geral. Não é difícil encontrar pessoas que apresentam posicionamentos dúbios e definições duvidosas que abalam a consistência de uma personalidade madura e bem-integrada.

Numa palavra, o comportamento das pessoas é tortuoso. Parece faltar-lhes aprumo espiritual. Falta-lhes um norte mais seguro e luminoso, uma definição mais límpida e assentada, uma luz que, longe de negar as sombras normais, que são próprias da dificuldade de viver, atravesse e vença as trevas de suas vidas.

As pessoas não sabem bem o que querem, e quando o sabem, não têm coragem para se posicionarem com entusiasmo, empenhando, com todo o coração, suas energias nos caminhos escolhidos. Não devemos, é verdade, dogmatizar sobre os caminhos, mas não podemos aceitar que todos eles sejam iguais e desejáveis.

Os sonhos humanos de felicidade podem, infelizmente, enveredar por atalhos ilusórios. Em seus inchados desejos, nosso eu pode se fazer tirânico, transformando nossos castelos em tabernas onde o mal pinta e borda e "o diabo faz o seu carnaval", na expressão do místico polonês-alemão Ângelo Silésio (1624-1677).

Os jardins dessas pessoas anêmicas dificilmente florirão exuberantemente. Apresentarão sempre flores pobres e raquíticas, necessitadas das águas puras do entusiasmo, do adubo da vontade de viver e do fermento forte que as façam crescer. Por eles, é penoso se encantar. Mais fácil será menear a cabeça e desejar uma enxada para limpar os canteiros, dando vez a outras plantas com mais cores e perfumes.

25
Os esplendores da idade

A idade, em si, não é nem uma maldição nem uma glória, pois ninguém é uma coisa ou outra pelo simples fato de ter uma determinada certidão de nascimento. Cada pessoa é e tem a glória ou a maldição com que vive a idade que tem.

Ser criança pode ser maravilhoso, tanto assim que todos querem ter uma alma de criança. Mas como a criança sofre na mão das outras idades!

Ser jovem pode ser esplendoroso com um corpo sem as mazelas da idade e com um coração recendendo a sonhos. Mas quantas indecisões e quantas portas fechadas encontram os jovens!

Ser adulto pode ser glorioso com espaços sociais já conquistados e já sem grandes medos da vida. Mas quantas responsabilidades pesadas e quantas frustrações acumuladas!

Ser idoso pode ser uma bênção quando, olhando para os lados, os velhos se veem cercados de filhos e netos arteiros e buliçosos. Mas quantas mazelas físicas e manias insustentáveis!

Um sábio poderia aconselhar: Aceite sua idade, procurando vivê-la dentro de sua realidade, sem a ilusão de ser mais jovem do que atestam seus cabelos brancos, nem mais velho do que suas verdes inexperiências denunciam.

Encare com naturalidade o passar dos anos e aceite com bom humor as limitações de sua idade. Procure não tornar-se ridículo, agindo de forma incompatível com as rugas de seus anos.

E se tiver que sentir algum pesar, que seja o de não ter amadurecido suficientemente para a idade que tem.

Eis o que disse ponderadamente Alberto Caeiro, heterônimo de Fernando Pessoa, poeta português: "Sejamos simples e calmos como os regatos e as árvores, e Deus amar-nos-á fazendo de nós belos como as árvores e os regatos e dar-nos-á verdor na sua primavera e um rio aonde ir ter quando acabemos".

É possível ser feliz em qualquer idade. O que não se pode é esconder bobamente a idade que se tem e fazer dela um problema. Em todas elas, nossos jardins podem florir, se não com rosas esplendorosas, ao menos com margaridinhas ávidas de sol e pétalas abertas aos ventos e ao clarão da lua.

26
Sol ou trovoada?

Tão misterioso quanto o coração humano é a voz que expressa seus sentimentos. A voz humana pode ter a cor e a amplidão do céu, como pode também se revestir com as roupas das mais amedrontadoras trovoadas.

Ela pode fazer-se balbucio de graça, jura de amor, palavra de ordem, anátema de condenação, crítica impiedosa, conselho de sabedoria ou canto de alegria e salmo de louvor.

Foi pela voz que os homens conheceram e experimentaram as promessas de Deus. Os profetas e os homens de Deus não cessavam de proclamar: "Escutai a voz do Senhor!" "Ouvi, ó céus, e tu, ó terra, escuta, é o Senhor que fala!"

Se não bastasse o lembrete dos profetas, o próprio Deus garantia: "Se obedecerdes a minha voz e guardardes a minha aliança, sereis meu povo particular e eu serei o vosso Deus". A voz de Deus se apresenta como vida, como bênção, como amor, misericórdia e perdão, como luz para o caminho e garantia de salvação.

Desintoxiquemos nossa voz! Ela é tão importante quanto nosso rosto, pois é a expressão do nosso espírito. Se você encontrar alguém chorando, não lhe negue uma palavra de consolo e de ânimo para que ele, apesar de tudo, ainda acredite que os jardins podem continuar florindo.

27
Perdidos amores

Um homem disse, certa vez, a uma mulher: "Serás minha rainha e eu serei um feliz cultivador dos teus jardins".

Mas ela era muito jovem e alimentava grandes sonhos e inconsistentes quimeras.

Partiu. Saiu pelos caminhos da vida, procurando, nos horizontes mais distantes e improváveis, o perfume das flores de seus tresloucados sonhos. De flor em flor, inebriou-se com os perfumes mais exóticos da vida.

Mas cansou-se e, com saudades, decidiu voltar para casa, para os seus jardins. Mas era tarde. Seu antigo jardineiro já tinha partido com outra rainha e cultivava outros jardins.

Ela, então, desolada, ficou contemplando os jardins malcuidados e sem graça de sua casa e as flores sem perfume de seus perdidos amores.

28
Oração do amor perdido

Porque és a fonte do amor e consolador dos aflitos,
te invoco, meu Deus e Senhor, e me ajoelho diante de ti.

Meu coração está ferido e meus olhos, cheios de lágrimas.
A dor sufoca meu peito e minha língua só sente amargor.

E te pergunto, rezando e pedindo e quase revoltada: Por quê?
Por que foi acontecer isto comigo? Por que fui abandonada?
Não era uma boa esposa, uma mãe dedicada e cheia de ternura?
Não renunciei a mil coisas e sempre só desejei a felicidade dos meus?

Sim, como é volúvel o coração humano e fugazes nossos sonhos!
Cultivei com mãos de fada o jardim de nossa vida
e só colhi tristezas e espinhos, dores e decepções.
Hoje me sinto sozinha, frustrada e com um sentimento de vazio.
Perdi o que era meu, um grande amor, e já não sou mais de ninguém.
Sozinha, busco me entender e até a perdoar, mas não consigo.
Se nada fiz de errado, se só e sempre me dei sem medidas para todos,
por que, meu Deus, responde-me, por que meu casamento fracassou?

Não é só comigo, eu sei. Milhares de casamentos se desfazem,
lágrimas rolam por toda parte, há milhões de corações despedaçados.
Mas a desgraça alheia não me serve de consolo, apenas a lamento.
Volto-me sobre mim mesma para entender o desfecho de meu drama.

Por quê? Por que tenho que carregar esta cruz tão dolorosa?
Preferiria perder tudo, menos o amor que era tudo que eu tinha.

Tu nos abençoaste e juramos nos amar na alegria e na tristeza,
na saúde e na doença, por todos os dias de nossas vidas, até ao fim.
Nossa lua de mel foi de sonhos, nem parecia ser de verdade.
Fomos aos poucos construindo nossa vida e enchendo nossa casa,
colocando amor nos quatro cantos e flores sobre a mesa.

A felicidade parecia morar em nosso lar e éramos tão felizes!
Vieram os filhos e nosso casamento ficou ainda mais bonito.
Nossa casa tinha música: a música do chorinho das crianças.
Nossa casa era um paraíso com a festa de seus trejeitos e gracinhas.

Agora, mergulhada nas trevas, tudo isto me parece ter sido
uma farsa.
Será o amor uma mentira, uma ilusão, uma dolorosa frustração?
Pode alguém ser, ao mesmo tempo, verdadeiro e mentiroso,
cheio de afeto e traidor, amoroso e insensível, e até assassino?

Sinto-me morrer por dentro.
Meu coração foi apunhalado.
Diz-me, meu Deus e Senhor, que devo rezar?
Faz de mim uma oração, a tua oração,
pois a minha é só pranto.

Te ofereço a história de um belo amor e a dor de seu triste fim.
Te ofereço os mil porquês que não têm resposta alguma.
Te ofereço meus filhos, ainda inocentes para entender o que se passa.
Te ofereço os dias ensolarados e as nuvens, agora, carregadas.
Te ofereço a mulher amada que já fui e a droga que me sinto.

E peço tua ajuda, porque confio em teu poder e no dia de
amanhã.

Com tua graça, sei que levantarei a cabeça e darei a volta por cima.
Com estes braços ainda abraçarei o milagre da vida que
continua lindo.
Desta garganta, ainda sairá uma música que mágoa alguma
abafará.
Estes meus olhos ainda conhecerão as lágrimas da alegria
e meus filhos dirão, uma dia, que tiveram uma grande mãe,
que nem os infortúnios do amor nem os porquês sem resposta
da vida
conseguiram derrotar ou abater.

Se era esta a oração que querias, meu Deus e Senhor,
é esta oração do amor perdido que te ofereço.
Em louvor de Cristo, meu Salvador.
Amém.

IV
NOS JARDINS DO AMOR

29
Apólogo do amor

Um dia, uma Flor grande e amarela abriu suas pétalas perfumadas e disse para o Sol:

— Inunda-me com teus raios, ilumina-me com tua luz, cativa-me com teu calor, abraça-me com tua força, ama-me com teu coração de fogo!

E o Sol, tão grande e humilde, retrucou meio encabulado:

— Sei que não sou digno de tão grande ventura, mas te amarei por amor do amor somente e serei teu eternamente.

A cada manhã, a mesma história se repete: a Flor se oferecendo ao Sol e o Sol se derramando por sobre a Flor.

Quando o Sol não aparece, a Flor se recolhe, mas fica à sua espera. E quando o Sol se levanta, ela se repruma, pinta-se de cores e se abre em festa num êxtase apaixonado e perfumado de amor.

30
Eloquência e silêncio de amor

O amor é, por natureza, eloquente, mas quem ama não deve nem falar demais nem fazer-se por demais mudo. A confissão irreprimível "Eu te amo", flores e chocolates, telefonemas intermináveis, cartinhas apaixonadas, sonhos e discussões acaloradas sobre o futuro, coraçõezinhos desenhados, vestido de noiva escolhido a dedo e com capricho, único e diferente, são algumas das expressões eloquentes do amor.

O amor navega feliz nas manifestações eloquentes da paixão e do encantamento. Sem elas, o amor estiola, se resseca e perde muito de sua graça.

O amor não pode perder sua eloquência, fazendo-se pesadamente mudo. Mas isto pode acontecer com a rotina do dia a dia.

Tive um amigo que, durante 37 anos, dizia todos os dias à sua mulher: "Eu te amo". Não sei por que cargas d'água ele não repetiu, um dia, o que sempre lhe confessava. E ela reclamou. 37 anos de confissão pareceram-lhe não terem sido suficientes. Ela queria ouvir mais uma vez o que se acostumara a ouvir todas as manhãs.

Assim é da natureza do amor. O amor precisa falar, repetir, confessar sempre de novo o eterno "Eu te amo" com palavras sonantes e com gestos verdadeiros. Não dá para consolar-se dizendo que a outra pessoa já sabe que é amada. Ela quer ouvir. Se não ouvir, ela irá, depois de 37 anos, reclamar, porque o amor não é mudo, mas eloquente.

Encerro este lembrete com um conselho e advertência: Falem! O amor pode ter 37 anos de história, mas ele está sempre recomeçando surpreso e encantado.

Mas lembro-me também de meus pais, que ficavam se curtindo, às vezes, sem dizer uma palavra, no escuro da varanda de nossa casinha de madeira. Não falavam. Os oito filhos de seu casamento eram a palavra de amor que soava mais alto do que todas e quaisquer confissões que podiam se fazer. Nós, filhos, éramos as flores coloridas de seus floridos jardins.

31
Amor a dois

Dependendo de suas experiências, os povos criam e vão criando caminhos e expressões de cultura e sabedoria. Um povo de Moçambique, por exemplo, costuma, em momentos de pura veracidade, dizer: "Juro pelo rio!", como se o rio fosse um deus, tal a sua importância na vida dos ribeirinhos.

Não é preciso se lembrar do provérbio da sabedoria universal: "De pequenino se torce o pepino", e o da sabedoria portuguesa: "Deus escreve certo por linhas tortas". Nestes aforismos se consubstancia a sabedoria de um povo e se expressa sua identidade e certezas.

Dos tempos romanos nos chegou a observação: *Asinus asinum fricat* que, em bom português, soaria como "Um asno coça o outro".

Pensemos em duas comadres que não têm o que fazer, senão ocupar-se em falar mal de todo mundo, ou em partidários políticos fanáticos de qualquer tendência. Um coça o outro. E o fazem com veemência, com um olhar varado de luz e uma boca da qual escorre o veneno da maledicência.

Ao falar dos adversários, fazem-no com a boca cheia, desfilando exageros e *fake news* com foro de verdades pétreas. Usam estatísticas para aprovar ou condenar. Justificam maracutaias, sob a plausibilidade do "rouba, mas faz". Mas do próprio candidato, o fazem suavizando a voz, mesmo quando se esquivam com indizível hipocrisia.

Contra os adversários, exalam uma patente acrimônia. Para as pessoas de suas simpatias e paixões, derramam-se com exuberante satisfação e calorosos aplausos. Os romanos usavam esta sentença: "Um asno coça o outro" para execrarem ou canonizarem amigos que exageravam em autodefesas e autoelogios.

Paixões clubísticas e políticas têm alma irracional. Escondem medos, cegueira e inseguranças. Veem o outro como se inimigo fosse, abominando e exorcizando possíveis diferenças.

Temem perder o bocado para a fome de seus anseios e desvarios. Perguntam-se, ansiosamente: "E se o outro ganhar? O que será de mim?"

Esquecem-se de que a vida continuará mais ou menos como sempre foi; isto é, pais educando os filhos, fiéis rezando nas igrejas, trabalhadores acordando cedo para não perderem o ponto, professores enfrentando alunos no sublime desafio de educá-los.

A vitória dos outros não será uma tragédia sem retorno à normalidade da vida. Não é preciso que um asno fique se coçando no outro. Importante é o respeito na luta, a aceitação e a admiração de quem pensa diferentemente.

No casamento também é assim: dois seres diferentes podem construir um céu ou viver num inferno. Nele, no casamento, ninguém é asno. Talvez possa ser apenas um tirano mal-humorado ou um falso deus. Mas nesse caso, o paraíso será perdido para a desgraça dos envolvidos que juraram fidelidade e, no entanto, se incapacitaram, por rotunda asnice, de viver sob o mesmo teto.

32
O amor tudo pode

O amor a dois ou entre muitos (em comunidade) será sempre um caminho para muitos sacrifícios e de difícil convivência. O amor ajuda muito, mas quem é amado continua, mesmo livre e agraciado, a ser dependente de suas limitações.

Ninguém casa ou convive com um anjo. Dentro e fora do casamento, os casados continuam sendo de carne e osso, com labirintos em que se escondem assustadores minotauros.

Podemos gostar da carne e do osso dos outros, mas o interior das pessoas esconde segredos que nem elas mesmas conhecem ou conseguem vencer. E não somos deuses.

A capacidade de amor de quem ama é pequena e limitada. O amor pode construir histórias maravilhosas, mas pode também fazer chorar lágrimas amargas.

A verdade é que o amor pode muito, mas não pode tudo! Amor total só no céu, bem junto de Deus, que é a fonte do verdadeiro amor, além de ser onipotente. Entre nós, somos apenas esforçados parceiros de uma história que pode ser de amor, mas que pode também ser de decepções e tristezas.

Há quem se casa com uma pessoa de estranhos hábitos como, por exemplo, a bebida, pensando que conseguirá fazer tal pessoa deixar de beber. No começo do casamento, pode até conseguir, mas, finalmente, se dará conta de que apenas adiou uma inevitável tragédia.

Estranhos hábitos sempre podem ser vencidos e transformados em renovados sonhos. O amor será, então, bem-aventurado, podendo fazer florir os jardins de um casamento.

33
Os males da língua

Sobre a língua há dois extremos, ambos lamentáveis e indesejáveis. Pode uma pessoa falar, sem pensar, tudo que lhe vem à cabeça, e pode também uma pessoa não falar nada do que está pensando.

Por um lado, há o *mutismo* da pessoa que vive como um caracol, recolhida dentro de sua casca e sendo um túmulo pétreo de silêncio. Recebe favores e não agradece. É agredida verbalmente e não retruca nem se defende.

Apenas se fecha e se esconde. Faz isso por medo ou por despeito, não dando continuidade ao diálogo. Comporta-se como uma parede e não reverbera os raios de sol, positivos ou negativos, que lhe chegam. Tem coração que sente, mas não tem boca para dizer "sim" ou "não". É um mistério indecifrável, um enigma triste e entristecedor.

Por outro lado, há a *verborragia* em pessoas que falam demais. Falam de tudo e de todos, dando a impressão de que apenas seus assuntos são interessantes. São umas matracas que não escutam ninguém.

Tais pessoas não são simpáticas, mas cansativas e espaçosas, para não dizer chatas. São de difícil convivência, por falta de medida, de respeito e por desequilíbrio emocional. Do mundo se fazem as donas. Opinam, julgam, salvam e condenam sem cerimônia, sentadas no trono da própria cruel e irresponsável arrogância. São, desgraçadamente, uma lamentável desgraça!

Deveriam se lembrar do que diziam os antigos: "Ah, se tivesses ficado calado, continuarias a ser filósofo!" Não são! Diante delas, a única virtude que nos salva é a da paciência, de uma paciência de santos e mártires.

É verdade que não se deve falar sempre e de tudo, como também é verdade que há silêncios que podem ser apenas falta de educação e atestados de medo.

O poeta fluminense Fagundes Varela (*1841, em Rio Claro) classificou a língua humana como "a mais tremenda das armas, pior que a durindana". Eis a íntegra da reflexão que fez, em Niterói, em 1875:

A língua humana

Qual a mais forte das armas,
a mais firme, a mais certeira?

A lança, a espada, a clavina,
ou a funda aventureira?
A pistola? O bacamarte?
A espingarda, ou a flecha?
O canhão que em praça forte
faz em dez minutos brecha?
Qual a mais firme das armas?
O terçado, a fisga, o chuço,
o dardo, a maça, o virote?
A faca, o florete, o laço,
o punhal, ou o chifarote?

A mais tremenda das armas,
pior que a durindana,
atendei, meus bons amigos:
se apelida: − a língua humana.

34
Eu te amo

    Nascemos por amor, vivemos para amar e somente o amor é capaz de dar sentido à vida e ser avalista perene para a felicidade do nosso coração humano.

    Mais vital e importante do que os aplausos por um prêmio merecido é a confissão de alguém que nos diz: "Eu te amo!"

A Bíblia diz, de forma simples e definitiva, que Deus é Amor. Ele ama e é o grande amante da vida. Olha com encantamento para suas criaturas e confessa que são lindas e maravilhosas, e que o mundo poderia ser uma maravilhosa casa para todos.

Qualquer gesto de amor nos faz parecidos com Deus. Gestos de ódio nos dão traços diabólicos.

Amar um filho, repartir um pão com um pobre, consolar um aflito, atender a um doente, aconselhar uma pessoa perdida, apoiar e aplaudir um amigo, dar atenção a um estranho e assumir as causas justas de uma comunidade são atos de amor que engrandecem quem os faz e alegram quem os recebe.

É difícil definir o amor. Camões, o maior poeta da língua portuguesa, bem que o tentou num jogo intrincado e feliz de palavras: "O amor é um não sei quê, que nasce não sei onde, vem não sei como e dói não sei por quê".

Amar é cuidar dos outros como um jardineiro cuida de seu jardim.

Amar é dar a quem amamos a única riqueza que possuímos: o nosso tempo.

Amar é renunciar aos interesses pessoais para que o outro se sinta querido e feliz.

Jesus disse que ninguém tem maior amor do que aquele que dá sua vida por seus amigos.

E por que minha vida é tua, confesso-te com todo o coração: "Eu te amo!" Confesso e tudo farei para que teus jardins floresçam.

35
Eu te perdoo

Poucos gestos dão tanta paz ao espírito como o do perdão. Do perdão que se dá e do perdão que se recebe.

Perdoar e ser perdoado são experiências de vida que todos desejam e das quais todos precisam.

Ao perdoar, a pessoa age como Deus, que está sempre pronto para o perdão. O Papa Francisco repete exaustivamente que Deus nunca se cansa de perdoar. A pessoa, ao ser perdoada, sente-se amada como o Filho Pródigo ao regressar para a casa de seu pai.

O perdão é como um abraço amigo: só faz bem. O ódio gera medo, desprezo, lágrimas, distanciamento e rejeição. O ódio é um crime espiritual. O amor é uma bem-aventurança divina.

O grande líder negro pacifista norte-americano Martin Luther King (1929-1968) ensinou que "o ódio paralisa a vida; o amor a desata. O ódio confunde a vida; o amor a harmoniza. O ódio escurece a vida; o amor a ilumina".

E Shakespeare (1564-1616), o maior dramaturgo inglês, disse que "a raiva [o ódio] é um veneno que se bebe esperando que os outros morram".

Quem odeia se torna duro e refém do próprio ódio. Seu rosto se apresenta vincado com as rugas da vingança. Torna-se feio por dentro e por fora. E quem é odiado se sente como um pássaro ferido, sem forças para voar.

No dia a dia podemos não estar prontos para o perdão, mas não devemos deixar, na oração, de ir preparando o coração para o grande dia do reencontro e do perdão.

A mais dolorosa situação de falta de perdão acontece, infelizmente, entre irmãos do mesmo sangue, que mamaram no mesmo peito e comeram sal e açúcar na mesma mesa. Perdoar um irmão significa honrar o pai e a mãe que eles tiveram.

Existe imagem mais enternecedora do que a de um pai que abraça um filho, apesar de suas faltas, sem exigir explicações, convidando-o para a festa de sua volta à casa de onde nunca deveria ter partido?

Se já é uma grande graça não esquecer o bem que recebemos, é igualmente uma graça inaudita não viver se lembrando do mal que nos fizeram.

36
Ódio

O ódio jamais construiu jardins. Só cemitérios.

Deus é amor. O demônio é ódio.

Quem odeia não tem o espírito de Deus, pois mata a esperança e a alegria de quem quer viver.

No céu não há ódio. No inferno, o ódio é o verme que corrói, sem tréguas e eternamente, o coração dos condenados.

Não faça de sua vida um inferno. Pare de odiar! Comece a amar e a perdoar.

37
Cabelos brancos

Um senhor de idade, um idoso, perguntou na farmácia a um atendente:
– Os senhores têm alguma coisa para cabelos brancos?
– Temos, sim. Admiração!

V
NOS JARDINS DA RELIGIÃO

38
Deus é como um ovo

Mia Couto é escritor moçambicano, nascido em 1955. Já foi galardoado com o Prêmio Camões, a maior láurea para escritores em língua portuguesa. Seu livro *Terra sonâmbula* foi escolhido como um dos melhores romances da África do século XX. Inspirei-me numa passagem de seu livro *E se Obama fosse africano?* para uma reflexão sobre Deus.

De acordo com um provérbio makwa (povo, língua e cultura de Moçambique), Deus é como o ovo: "Se não seguramos, cai no chão; se seguramos demasiado, parte-se". Num e noutro caso, e com todo o respeito, Ele se perde, não nos tornando possível fazer com Deus uma boa omelete, a ser servida na mesa da comunidade. Aliás, ninguém gosta de ter um amigo que peca por desatenção ou de um amigo que aperta e cobra uma presença que não podemos lhe oferecer. Amizade humana e o reconhecimento divino andam pelos mesmos trilhos; ou seja, são frutos de uma relação madura e livre.

Olhemos para a nossa Igreja. Encontramos pessoas de fraco relacionamento com Deus. Só se encontram com Deus em dias de festa (Primeira Comunhão de um filho, casamento de um parente) e em missas de 7º dia. No mais, vivem de costas para Ele. O ovo de Deus não está em suas mãos. Mas há outras pessoas que o apertam demais. Não saem das igrejas, rezam com grande ansiedade, a religião não lhes é fonte de alegria e paz. Nem é preciso falar de seus rostos crispados e de seus dedos acusatórios. Têm religião, mas vivem sem se encontrar com o Deus da Boa-nova. E aí, Deus se parte e a omelete não acontece.

Deus não é uma cangalha para manter seus filhos dentro do cercado estreito de preceitos e cobranças. Deus não é bedel a zelar pela disciplina na escola da vida. Deus é caminho e convite, é horizonte e sentido de vida.

Ele não quer ser somente amado. Ele quer que amemos nosso próximo com um mesmo coração e igual identidade. Daí acontecerá uma gostosa omelete que honrará sua majestade e que poderá ser servida, na mesa comum, para a alegria dos convivas.

Deus é como um ovo, ensina o sábio escritor moçambicano: não dá para não segurá-lo, vivendo sem Ele, nem dá para apertá-lo, com mãos aflitas, demais. Deus é elemento essencial para uma boa omelete e para fazer florir os jardins da vida.

Termino com o pensamento sobre Deus de Nikos Kazantzakis, um dos maiores escritores gregos do século XIX, 1883-1957. "Disse à amendoeira: 'Fale-me de Deus'! E a amendoeira se cobriu de flores".

39
Vocação exaltante

No campo da Espiritualidade Teológica há alguns assuntos que são recorrentes. Um deles é a santidade, além de oração, conversão e seguimento de Jesus.

A santidade é a mais exaltante das vocações humanas. Não há nada de mais arrebatador do que participar, a convite e por permissão, e comungar, sem mérito, da vida íntima de Deus. O santo é um felizardo, e a vocação para a santidade é uma graça sem par.

No ideal da santidade, Deus convida as pessoas, simples criaturas, a serem como Ele é. Numa imagem bíblica, Deus toma a pessoa pela mão e a leva para passear com Ele, pelas aleias do paraíso, ao cair da tarde.

É verdade que o ser humano, por ser uma simples criatura e pecadora, não tem o brilho da santidade de Deus, mas também não deveria ter um semblante sombrio, um coração empedrado e ser um arremedo dos maus humores diabólicos.

E aí surge a pergunta: Como pode uma pessoa, tomada pela mão de Deus, ser rabugenta, irritadiça, azeda. Junto com a pessoa amada ou com o Deus de todos os amores, não dá para ser assim. Mas quantas pessoas em nossas igrejas são rabugentas! Cantam, rezam, comungam e servem o pão bolorento de seus maus humores.

Nos evangelhos, Jesus é retratado perfeitamente humano: cansado, irritado, bom de mesa, orante, rico em misericórdia, sempre pronto para socorrer os que sofriam, abraçando os pobres, os doentes e os pecadores. Nunca se diz que Jesus estava de mau humor e era rebarbativo.

Talvez devêssemos melhorar nossos azedumes para sermos santos como Deus é santo. Caso contrário, como se dizia, um santo triste é um triste santo.

40
Com o jeito de Deus

Vale a pergunta: O que nos conduz mais plenamente para dentro de nós mesmos, distanciando-nos da catástrofe da perda de nossa identidade?

Como pessoas, sentimo-nos, às vezes, quebrados por dentro e, penosamente, tentados a viver para fora de nós mesmos. Sentimo-nos divididos entre o que nos atrai por seu caráter positivo e grandioso e o que nos seduz com cantilenas enganosas.

O escritor irlandês Bernard Shaw (1856-1950) disse com razão: "Somos todos reis e sonhamos com um reino; pena vivermos longe dele".

Na realidade, todas as pessoas estão necessitando de uma razão unificadora e integradora de seu modo de ser e de um centro gerador e dinamizador de suas ações, para serem, de fato, reis, e para não viverem, tristemente, longe do próprio reino.

Nossa verdade nunca será plena e absoluta. Não podemos, contudo, deixar de buscá-la, dolorosa e corajosamente, ainda quando sabemos que somos, ao mesmo tempo, sim e não, graça e pecado, anjo de asas estendidas para o infinito e filho das trevas, amedrontado pelos riscos da liberdade e com a mesquinha tentação de voltar para as panelas de carne do Egito e para os bezerros de ouro de enganações inconsistentes.

Como somos uma correlação de histórias e pessoas, de fatos e convivências, todas elas deveriam apertar o nó do nosso eu para torná-lo menos escorregadio e mais firme. Mas não é bem isso o que normalmente acontece. Quantas vezes vivemos na frouxidão de falsas opções e de dúbios comportamentos!

Para quem é religioso, este centro unificador e potencializador do eu humano é Deus, a quem a pessoa deveria amar *sobre todas as coisas*. Ele é, em última análise, a razão unificadora e a força integradora da vida.

A pessoa não só deveria querer ser dele, mas viver, na prática, para Ele, aceitando sua presença e inspiração, sua graça e destino. Escaparia, assim, num plano superior, do perigo de não ser ela mesma e de perder o próprio reino e identidade.

Podemos dizer que o comportamento, as ações e o destino humanos se endereçam e repousam em Deus. Santo Agostinho confessava que "nosso coração está inquieto enquanto não repousar em Deus". Ele é o centro unificador e a razão integradora de nossa personalidade. Por Ele vivemos, e quando isto não acontece, contra Ele pecamos e nos desintegramos, parcial ou gravemente. Ele é a nossa definição, o nosso sim.

Diante das tentações, só dizemos *não*, por elas não nos conduzirem a Deus. Diante do bem, dizemos *sim*, porque Deus é a fonte de todo o bem. Caso contrário, estaremos desfocando o centro de nossa vida e enfraquecendo a razão motivadora de nossa caminhada.

Deus é o jardim florido que dá vida e beleza às nossas flores.

É um orgulho e é bonito ser parecido com nosso pai, com nossa mãe, ter seu jeito de rir e de andar, quando, por sermos o que somos, lembramos seu caráter e sabedoria. É bom ouvir quando os outros dizem: "Ele se parece tanto com seu pai, com sua mãe, é a cara deles!"

Somos de Deus, somos, com todo o respeito, a cara dele, temos seu caráter. Ele deixou em nós seu jeito, sua maneira de ser.

Este jeito de Deus se expressa nas três grandes marcas que Ele deixou em nossa vida: a fé, que nos faz acreditar nele; a esperança, que nos faz desejá-lo; e o amor, que nos dá a batida de seu coração. Estas três energias são colocadas por Deus em nosso espírito. Ele nos faz homens de fé, de esperança e capazes de amar e ser amados.

Não somos imagens de Deus por traços físicos que, um dia, com a morte, se desfarão. Somos suas imagens porque temos fé nele, porque temos esperança, apesar das vicissitudes cruéis e dolorosas da vida, porque somos chamados a amar a vida e a Deus, que é o seu grande amigo (cf. Sb 11,26). Com estas três forças certamente florirão nossos jardins.

41
Pobres, doentes e pecadores

Amar aos pobres, doentes e pecadores, além de ser uma nobre expressão da mais lídima caridade cristã, é também uma postura espiritual de altíssima humanidade e de grande sabedoria.

O caminho da vida e do Evangelho passa por esta obrigação, a de amar e servir aos pobres, aos doentes e aos pecadores. Eles merecem compaixão, atos e palavras de carinho e ajuda. A casa humana não pode ficar insensível ao sofrimento material, físico e moral de seus moradores.

Não dá para chegar ao topo de nossa humanidade sem passar e sem amar os abismos mais obscuros e rejeitados de nossa condição de ser. Neles se apresentam, com sua cara de abandono e sofrimento, os que formam a tríade evangélica do amor de Deus, pela qual Jesus se encarnou: Ele veio para "os pobres, os doentes e os pecadores".

Ninguém, aliás, é tão rico que não precise do pão que outros fazem e do afeto que outros dão. Ninguém é tão sadio que não tenha uma dor de cabeça e uma ruga que o tempo vai colocando no alto da testa. E ninguém é tão santo que possa se apresentar petulantemente diante do Deus três vezes santo.

Ter, por conseguinte, entranhas de misericórdia para com os pobres, os doentes e os pecadores pode nos levar aos mais altos píncaros da evolução espiritual, dando-nos o que, por outros caminhos, nunca viríamos, talvez, atingir; ou seja, a beleza de sermos profundamente humanos e essencialmente sábios. Fazer florir outros jardins é garantia de ter o próprio jardim florido.

42
Com paz no coração

Conta-se que certa mulher vivia chateada porque invocava Buda centenas de vezes por dia e não era atendida. Aos poucos foi ficando rabugenta, intratável e mal-humorada.

Um monge foi visitá-la, tentando consolá-la. Mas a mulher se recusou a recebê-lo. Quando, finalmente, abriu a porta, soltou os cachorros: "Que monge é você que não respeita nem meus momentos de oração?", vociferou. O monge, com calma, respondeu: "Veja, minha senhora, eu a chamei apenas quatro vezes e a senhora ficou zangadíssima. Imagine como Buda deverá estar se sentindo ao ouvi-la todos os dias, chamando-o ansiosamente e exigindo que a atenda!"

E acrescentou: *"Rezar só com a boca, quando o interior está em guerra, sem paz, é de pouco proveito. Importante é trazer o coração na mão quando se reza a Deus"*. O Papa Francisco um dia ensinou: *"Rezar é mais do que falar a Deus. Rezar é derramar o coração, com fé, aos pés de Deus"*.

Quantas pessoas há que rezam a Deus com seu mundo interior não pacificado! Batem na porta do céu sem a humildade de um mendigo, mas sim com a petulância de um irritado senhor. Não são um jardim, mas um espinheiro. O místico espanhol São João da Cruz (1542-1591) afirmou que o grande orante "tem sua casa posta em sossego".

43
O livro de Cristo

São Paulo afirma que o livro de nossa vida não foi escrito com tinta, mas com sangue, o sangue do Cordeiro. Não foi escrito na pedra, mas em nossos corações. O autor do nosso livro vive dentro de nós e é Cristo.

Seu sangue marca nossa testa. Fazendo-se pecado por nós, sua vida nos foi concedida por pura graça e ao preço de sua morte redentora. Ao morrer por todos, reconquistou, como novo Adão, o paraíso perdido.

Por isso, pode dizer Paulo: "Para mim, viver é Cristo". Sem Ele, não vivemos. Seríamos apenas uma morte com data ainda ignorada. Mas porque Ele morreu por todos, por Ele, todos viveremos.

Em outras palavras, não somos um passaporte que, um dia, caducará, mas uma carta com validade divina.

Somos o livro de Cristo. É Ele que nos apresentará a Deus, anunciando que somos a obra-prima de seu amor redentor. Se vivermos alimentando os seus sentimentos, ostentaremos as flores do seu jardim.

44
Esquizofrenia espiritual

Não é extremamente difícil confessar a fé com a boca. Nossos lábios estão sempre prontos para um ato de fé. Difícil é viver a fé e dar corpo, carne e sangue ao que professamos tão açodadamente. Dentro das igrejas, somos uma coisa, piedosos e arrependidos. Fora, ficamos diferentes, arredios, impiedosos e até cruéis. Uma esquizofrenia; ou seja, um abismo se abre em nossos comportamentos.

Dentro da igreja, cantamos: "Te amarei, Senhor!" Fora, as reclamações contra os outros, as mentiras contra os colegas e as acusações aos familiares se tornam frequentes e sem clemência. Chamados à santidade, esquecemo-nos de Deus, do Evangelho, dos ideais cristãos e crucificamos impiedosamente amigos e inimigos.

Os italianos têm um provérbio popular muito verdadeiro: "Tra il dire e il fare, c'è um vasto mare"; ou seja, entre o dizer e o fazer medeia um grande mar.

Confessamos no Credo: "Creio na Igreja una, santa, católica e apostólica". Na prática, podem faltar fidelidade e transparência nesta oração, porque a Igreja, feita de pecadores, se arrasta, a duras penas, pelo lodo da vida, desafiada por homens e autoridades, sujeitos a mil fraquezas e dependências. Basta começar a pensar em sua cabeça, com papas doutrinariamente rígidos, com bispos e padres que se escondem, medrosamente, por trás de privilégios pouco recomendáveis. E se pensarmos no corpo da Igreja, com leigos e movimentos que rezam e cantam nos recintos das igrejas, mas se esquecem, fora, que são seguidores alegres de Cristo?

No fundo, no fundo, acho que somos pessoas inseguras, egocentradas, entristecedoras. Fora da igreja, deixamos de cantar e fofocamos, condenamos e entristecemos os outros para salvaguardar um eu fraco e rebarbativo. Aparece, então, uma pretensão totalitária de querer ser senhor do bem e do mal ou deus, como ocorreu no paraíso com Adão e Eva. Nós mandamos, eles devem nos obedecer e seguir nossos comandos.

Dentro da igreja aplaudimos o Evangelho, e fora dela amaldiçoamos os semelhantes. E pensar que Cristo pregou a fraternidade e trouxe a paz. Pensar que a chuva de Deus rega todos os jardins e que seu sol bronzeia bons e maus. É esta a dicotomia e a esquizofrenia que permeiam as vidas de pessoas declaradamente de Deus. É mais aceitável um pagão doce e companheiro do que um religioso amargo e de dupla personalidade. É ou não é?

45
Grandes tentações

No Evangelho de Lucas, o episódio das tentações de Jesus começa com a frase "Jesus estava cheio do Espírito Santo", tendo sido "guiado ao deserto pelo Espírito de Deus" (4,1).

A TENTAÇÃO DO PODER. Atualmente, costuma-se dizer que uma mulher muito bonita é "poderosa". Ser bonita e poderosa não é problema, não é mau. Quando usa o poder para o bem, para servir melhor aos outros, faz com que o poder seja uma bênção. Se, ao contrário, uma pessoa poderosa usa o poder apenas para se beneficiar, torna-se má para si e para todos.

Os poderosos devem usar do poder como serviço, e não como privilégio. Um político, um empresário, um homem forte, uma mulher bonita, um pastor santo, todos eles são poderosos. Com o poder que têm não devem humilhar os outros nem explorá-los em benefício egoísta e próprio, não devem se fazer demônio de seus semelhantes.

A TENTAÇÃO DO PRAZER. O instinto do prazer não é mau. Pelo contrário, é um apelo natural da vida. A vida é, também, prazer. Há o prazer de comer, de fazer sexo, de se divertir, de curtir uma amizade, uma viagem ou paisagem, de escutar uma boa música, de amar e ser amado. O que não se deve é fazer deste instinto uma exigência egoísta, dificultando ou impedindo os demais de usufruírem deste mesmo inato instinto.

Em matéria de sexo isto é muito claro. Ninguém pode "usar e abusar" dos outros apenas para o próprio prazer. Na comida, igualmente. Não se deve comer cuidando só de si mesmo. Por este privilégio prazeroso que é comer, não podemos negar ou impedir aos demais o acesso à comida.

A TENTAÇÃO DO VALER. Há pessoas que pensam que valem mais do que as demais. Não reconhecendo que todos têm a mesma dignidade, porque, finalmente, todos pertencem à mesma família, têm o mesmo destino e são feitas do mesmo barro. O grande pecado desta tentação do valer é a vaidade, a soberba, a discriminação.

Quem está bem-vestido pode pensar que vale mais do que quem não está. Quem tem um cargo mais remunerado pode pensar que vale mais do que quem ganha apenas um salário-mínimo. Vazia e risível ilusão! Ninguém deve ser humilhado pelo que ganha ou pelo que veste. Finalmente, um dia, todos serão a mesma coisa: apenas um defunto frio, sem graça e emudecido.

Jesus venceu as três tentações porque "estava cheio do Espírito de Deus". Longe de Deus, fora de Deus, não somos nada, somos apenas "carne do dilúvio" ou "ovelhas destinadas ao matadouro".

A nossa força está no nome do Senhor. Sem Deus, seremos presas fáceis do maligno, que deve ser enfrentado "cheios do Espírito Santo". Agindo assim, quando terminarem as tentações, os anjos de Deus virão e servirão os vencedores, e nossos jardins aparecerão floridos.

46
Deus

Cada um de nós tem nome e sobrenome. Deus não tem nem uma nem outra coisa. Deus é apenas "Aquele que É". No Antigo Testamento, Ele tinha apenas características. Era o Santo, o Pastor de seu povo, o Terrível que rachava os cedros do Líbano, o Criador e Senhor dos céus e da terra. Era "o soberano da vida".

Se já nos é muito difícil e até impossível captar, em sua integralidade, o mistério de uma pessoa humana, quanto mais difícil e impossível não será penetrar na plenitude do mistério de Deus! Como poderá alguém finito, como nós, se apossar do infinito, e como um mendigo poderia abraçar a incomensurável riqueza de Deus? Diante dele, a melhor atitude é dobrar a cabeça, manter-ser em silêncio e, reverentemente, fazer um ato de adoração.

Mesmo assim, Deus não está longe dos que o temem e ainda conservam as saudades do Paraíso Perdido. Ele continua tentando e espicaçando o homem com seu mistério e colocando asas em nosso coração num desafio desigual, mas fascinante, para compreendê-lo e principalmente amá-lo.

Somos convivas da sagrada mesa de Deus, onde Ele, passando entre todos, nos servirá. Por isso, os homens de todos os tempos sempre voltaram seus olhos para o céu em busca do rosto de Deus.

E depois de o experimentarem, mesmo através de véus e às apalpadelas, falaram dele com o fogo da paixão e a alegria da convivência. Os místicos chegaram a tocar "as fímbrias das vestes de Deus". São Francisco chegou tão perto, que Cristo, num abraço, deixou nele a marca de suas feridas.

Ensinou o professor francês de Teologia Vétero-testamentária, Padre Henri Cazzeles: "Deus é graça, somente graça, nada mais do que graça. Tudo o que Ele faz é com graça. Tudo o que Ele diz é com graça. Cada gesto seu é ainda somente graça. Quando olha uma criatura, Ele o faz com graça. Quando toca alguém, Ele o toca com graça. Quando um homem morre, Ele lhe fecha os olhos com graça. E quando esta pessoa o encontra, ela vai experimentar a alegria de ver a fonte de todas as graças".

É de graça que lhes passo esta experiência. Enquanto viver, sempre proclamarei esta verdade, esta verdade suprema, a mais bonita de todas, pela qual vale a pena ter fé e viver. Deus é graça, somente graça, nada mais e nada menos do que sempre e eternamente graça. Tudo o mais, se isto não for verdade, não terá a menor graça.

47
Jesus

A pessoa de Jesus chegou como uma visita do céu. Num convite, Nossa Senhora foi feita esposa do Espírito Santo de Deus. Não fora assim, seria um tremendo equívoco fazer de um homem confessadamente Deus. E encantar-nos por um alguém que é, finalmente, como todos, barro e cinza. Ou uma estátua de ouro. Buda, Maomé, Confúcio são apenas homens de Deus. Deus? Só Jesus de Nazaré!

Que alegria falar sobre Jesus. Ele é o rosto revelado por Deus, é o *misericordiae vultus*. É o sopro de Deus, a nossa respiração divina, a nossa comida e o nosso caminho de salvação.

Como conhecemos de cor o caminho que nos leva a nossa casa e trabalho, como não esquecemos a "comidinha de nossa mãe" e como não podemos deixar de respirar, assim não podemos viver sem Jesus, mesmo quando não é fácil falar sobre Ele.

A sua inteireza sempre nos será incômoda, e nossa compreensão, insuficiente. Sua pessoa sempre nos desafiará ("Que dizem os homens que eu sou?"), deixando-nos à deriva, entre surpresos e admirados, sem respostas prontas e cabais. Sua pessoa humana e divina é intrigante, colocando-nos ou de joelhos, na adoração, ou estatelados, na dúvida e até na negação. O que não podemos é ficar alheios e aos bocejos diante dele.

No pensamento de Orígenes, Jesus é o Evangelho de Deus ou a sua Palavra viva. Mais do que meditar sobre Ele, gostaríamos de rezá-lo. As novas Tábuas da Lei são uma pessoa viva. Este novo Rabino revela e esconde a verdade mistérica de Deus e a natureza divina da vida.

Jesus, por isso, é o anunciador do novo Reino (ou do Paraíso Perdido), o Autor e o Consumador da nova Aliança. Ele é a nossa espiritualidade. Pecar contra o Espírito Santo é não aceitar o filho de Maria como nosso Salvador.

Segundo os Santos Padres, Ele é o *typicon* da nossa vida, a razão da nossa fé em Deus. Uma vez aceito, não dá mais para ser o que somos, mas somos levados a viver como Ele, que passa a ser nosso "Caminho, Verdade e Vida".

A partir desta constatação, ser cristão já não é mais conhecer uma doutrina, sobraçar um livro, ainda que seja a Bíblia, mas seguir uma pessoa, a pessoa viva, a Boa Notícia que é Jesus. Nele somos, nos movemos e existimos.

Segui-lo é ter e deixar-se marcar com seu caráter. Nós temos o caráter de Jesus. Ele é a luz dos nossos rostos, a coragem dos nossos passos, o peso das nossas cruzes, os sentimentos dos nossos corações.

Cristo não é para nós uma simples abstração ou um belo discurso, nem mesmo um ou os quatro evangelhos, que falam dele e o testemunham, mas uma identificação de vida e morte.

Somos todos de Cristo, mas ninguém é Cristo. Ele é muito mais do que todos nós, juntos e somados. É mais santo do que o mais santo de seus representantes, porque Ele é a revelação da própria santidade de Deus. Ninguém deve, por isso, ocupar o lugar de Cristo, pois só Ele é o Senhor. Todos os demais são discípulos e servos. Uns o representam mais fielmente, outros menos. Mas ninguém é Ele nem como Ele.

48
O diabo

Dentro dos quadros da Igreja Católica *há os que acreditam* pouco nas astúcias do diabo e há os que lhe conferem um lugar de destaque que ele não tem.

Nas religiões pentecostais, ocorre o mesmo. Há, principalmente, pastores que fazem do diabo, em suas exacerbadas intervenções, o ponto focal de suas pregações. Assustam os fiéis e criam diabos fantasiosos para, depois, expulsá-los com grandes rompantes retóricos.

Para todos, evangélicos e católicos, valeria estudar um pouco mais, enquadrando o maligno à luz de uma sadia Teologia. Sirvo-me, para tanto, de uma reflexão exposta pelo maior teólogo da Igreja Católica do século XX, Karl Rahner, na enciclopédica *Sacramentum Mundi*, verbete "Diablo" vol. II, c. 248-254.

1) O diabo não é a personificação mitológica do mal, mas sua existência é inegável.

2) Ao diabo a Teologia não dá o *status* de "o inimigo de Deus". Em outras palavras, o diabo não é o senhor do mal nem o rival autônomo de Deus.

3) O diabo é uma criatura finita, e sua maldade está sob o controle do poder, da liberdade e da bondade do Deus três vezes santo.

4) A doutrina sobre o diabo, nas Escrituras, aparece como um pressuposto natural da volúvel experiência humana.

5) Somente num sentido muito indeterminado pode-se falar de um "plano ordenado" para a existência de um chefe dos demônios e de uma ação diabólica no mundo.

6) A Septuaginta (primeira tradução de toda a Bíblia por 70 sábios) traduz o vocábulo hebraico satanás por diabo, que teria sido um príncipe entre os anjos, mas que, com sua corte, apostatou e foi expulso do céu.

7) No Novo Testamento aparecem as seguintes denominações para diabo: o maligno (Mt 13,19ss.), o inimigo (Lc 10,19), o príncipe deste mundo (Jo 12,31ss.), o deus deste tempo (2Cor 4,4), o assassino desde o começo (Jo 8,44), o pai da mentira (Jo 8,44).

8) A hostilidade entre o diabo e Deus culmina na Paixão de Cristo (Lc 22,3.31; Jo 13,27; 1Cor 2,8), quando ele sofre a derrota definitiva.

9) A doutrina da Igreja rechaça uma excessiva concessão ao poder do diabo como tentador e dominador das pessoas. O Concílio Vaticano II mostra-se muito reservado sobre o diabo.

10) O diabo não tem poder absoluto sobre nada, nem sobre o pecado e muito menos sobre o pecador.

11) Deve-se rejeitar, na piedade cristã, conceder ao diabo um papel tão importante em relação ao mal quanto se reconhece a Deus em relação ao bem.

12) Nos grandes símbolos da fé não se fala do diabo.

Na Pastoral, mais do que sobre o diabo, deveria se chamar a atenção e mostrar o monstruoso poder sobre-humano do mal na História. Não é o diabo quem faz o mal: é o próprio ser humano com cara de demônio.

49
Em defesa do pobre

São João Crisóstomo (354-407) nasceu na Síria (Antioquia), terra atualmente conflagrada. Foi um grande orador, merecendo por isso a alcunha de Crisóstomo, "boca de ouro". Foi nomeado pelo Imperador Arcádio para o cargo de Patriarca de Constantinopla. A capital do Império Oriental era uma cidade de luxo, devassidão e intrigas políticas. Membros da Igreja eram ambiciosos, politiqueiros, maus pastores.

Em seus sermões, ele execrava o mundanismo e a decadência da vida moral. A Imperatriz Eudóxia o expulsou da cidade. Voltou por insistência do povo, mas foi novamente exilado. Ao morrer no exílio aos 59 anos, estas teriam sido suas últimas palavras: "Glória seja dada a Deus em tudo". Sua festa ocorre no dia 13 de setembro. É dele a incandescência da reflexão a seguir.

Que proveito haveria, se a mesa de Cristo está coberta de taças de ouro e Ele próprio morre de fome? Sacia primeiro o faminto e, depois, do que sobrar, adorna tua mesa. Fazes um cálice de ouro e não dás um copo de água? Que necessidade há de cobrir a mesa com véus tecidos de ouro, se não lhe concedes nem mesmo a coberta necessária? Que lucro haverá? Dize-me:

se vês alguém que precisa de alimento e, deixando-o lá, vais rodear a mesa de ouro, será que te agradecerá ou, o contrário, se indignará? Que acontecerá se ao vê-lo coberto de andrajos e morto de frio, deixando de dar as vestes, mandas levantar colunas douradas, declarando fazê-lo em sua honra? Não se julgaria isto objeto de zombaria e extrema afronta? Pensa também isto a respeito de Cristo, quando errante e peregrino vagueia sem teto. Não o recebes como hóspede, mas ornas o pavimento, as paredes e os capitéis com colunas, prendes com cadeias de pratas as lâmpadas, e a Ele, preso com grilhões no cárcere, nem sequer te atreves a vê-lo. Torno a dizer que não proíbo tais adornos, mas que com eles haja também o cuidado pelos outros. Ou melhor, exorto a que se faça isto em primeiro lugar. Daquilo, se alguém não o faz, jamais é acusado; isto porém, se alguém o negligencia, provoca-lhe a geena (inferno) e o fogo inextinguível, suplício com os demônios. Por conseguinte, enquanto adornas a casa, não desprezes o irmão aflito, pois ele é mais precioso do que o templo.

50
Igreja em saída

Do atual Papa Francisco podemos dizer que é um papa pouco papável. Pelos estereótipos criados e, sem titubeios, aceitos, Mario

Jorge Bergoglio poderia ser temido por ser argentino e jesuíta, mas ele acabou por ser admirado por sua alma franciscana e por sua devastadora simpatia.

A um primeiro momento, ninguém o chamaria de bonito, não é um Apolo de beleza, mas sua alma é linda, seu jeito de ser é admirável e caloroso.

Sua primeira aparição na sacada da Basílica de São Pedro foi tímida, mas seus gestos foram, ao mesmo tempo, surpreendentes. Nenhum papa começa seu pontificado pedindo ao povo que reze por ele. Mas foi isso que ele fez. Do papa se espera que interceda pelo povo junto a Deus e o abençoe.

Nenhum papa se inclina diante dos outros. Os outros é que se inclinam diante dele e até se ajoelham. Nenhum papa se despede dizendo: *Buona sera e buon riposo* (boa noite e bom descanso). Nisto, como em tantas outras coisas, ele se mostra familiar, inova e surpreende.

E os gestos pouco papáveis do Papa Francisco foram se sucedendo dia após dia. Um papa dispensando condução especial para se locomover dentro de Roma? Nem pensar! Um papa indo ao hotel pagar a própria conta de hospedagem? Estranhíssimo! Um papa fazendo sua condução parar para abraçar um cadeirante na Praça de São Pedro? Inesperado! Um papa não se apresentando como sucessor de Pedro, mas como bispo de Roma? Incomum! Um papa falando pouco, apenas uns poucos minutos e espontaneamente? Inimaginável! Um papa pedindo desculpas às pessoas por não poder atendê-las, mas prometendo voltar mais tarde, já que estava atrasado para a missa? Politicamente incorreto! Um papa nominando um sacerdote que participava de sua missa e apresentando-o com elogios e recomendações? Surpreendente! Um papa deixando-se entrevistar por crianças e um papa saltando trechos de um discurso por ser maçante demais? Meu Deus, em que mundo estamos!

Poderíamos continuar elencando mais atitudes pouco papáveis. Ele, nos primeiros dias de pontificado, deixa o Vaticano e vai visitar um arquivista nonagenário que sofreu um enfarto. A gente se pergunta: "Será que um papa não tinha nada de mais importante para fazer?"

A Igreja romana está cheia de problemas para serem enfrentados (e foi para isso que foi eleito pelos cardeais), mas ele não se esquivou de se ocupar com judeus e muçulmanos, prometendo-lhes que, da parte dele, não lhes faltará colaboração para consolidar um urgente diálogo.

O Papa Francisco afirmou como se fosse um Teólogo da Libertação: "Queremos uma Igreja pobre para os pobres".

Ao dirigir-se aos cardeais, chamou-os de irmãos e não de Eminências. Para presidir a Comissão de Reforma do Vaticano não nomeou um europeu ou alguém do Primeiro Mundo, mas um pobre cardeal salvadorenho, que até fora papável, é verdade, mas que não era a pessoa mais esperada para executar trabalho tão espinhoso.

E, surpreendentemente, pediu aos argentinos que não fossem a Roma para sua posse, mas que doassem a importância das passagens para os pobres. E a um casal italiano que o presenteou com uma cruz e um barquinho, ele retribuiu com um doce pascal e um ovinho de chocolate. Pode? Não é um doce o atual Papa Francisco?

Falei acima de sua devastadora simpatia. Realmente, este argentino nos saiu melhor do que a encomenda. Até nossa querida Igreja começou a ser mais simpática, graças a ele. São dele as duas citações abaixo.

> Prefiro uma Igreja acidentada, ferida e enlameada por ter saído pelas estradas, a uma Igreja enferma pelo fechamento e a comodidade de se agarrar às próprias seguranças. Não quero uma Igreja preocupada com ser o centro, e que acaba presa em um emaranhado de obsessões e procedimentos (In: *A alegria do Evangelho*, n. 49).

Mais do que o temor de falhar, espero que nos mova o medo de nos encerrarmos nas estruturas que nos dão uma falsa proteção, nas normas que nos transformam em juízes implacáveis (In: *A alegria do Evangelho*, n. 49).

51
Página sombria

Uma das páginas mais sombrias da Bíblia é a da venda de José por seus irmãos. Depois, ainda conspurcaram sua túnica com o sangue de uma ovelha, mentindo ao pai, responsabilizando uma fera, que o teria devorado.

Venderam, traíram e fizeram chorar o pai. Anos mais tarde, os irmãos precisaram ir ao Egito pela carência de trigo na casa em que viviam. José os recebeu, e através de um intérprete falou com eles e vendeu-lhes o trigo solicitado. Depois retirou-se... e chorou.

Hoje em dia há irmãos traindo e vendendo o próprio irmão. Há irmãos que não se falam, não se encontram... e choram escondidos. Nas divisões dos bens deixados pelos pais, as heranças, quantas mesquinharias! Quantas traições e mentiras! Sobram as lágrimas sobre os laços de uma fraternidade manchada de sangue.

Onde foi parar e o que aconteceu do leite que todos mamaram nos peitos de sua mãe, o sal e o açúcar que comeram na mesma mesa, graças aos suores de seu pai?

Oxalá, as carências da vida os façam reencontrar-se e, finalmente, chorar de alegria para a felicidade do velho pai e de todos! Que a partilha das heranças e as invejas não separem e façam chorar os que têm o mesmo sangue e os mesmos pais!

52
O peixe do pescador é de Jesus

Os mestres do mar tinham tentado a noite toda e... nada. Quando viram Jesus, a quem já admiravam a distância, lamentaram-se de não ter peixe algum para oferecer-lhe. Jesus foi em socorro deles e pediu que lançassem as redes "em águas mais profundas" (Lc 5,1-11). Assim fizeram e o milagre aconteceu.

Sara era estéril e Abraão já tinha passado da idade de ser pai. Mas o milagre aconteceu e foram presenteados com um rebento, Isaac. Deus pediu, então, ao pai que lhe sacrifique o filho. Abraão obedeceu. No último instante, a vítima foi poupada. Ele tinha que compreender que o seu filho, em última análise, pertencia a Deus.

Ana e Joaquim não tinham filhos. Rezavam, jejuavam, se descabelavam. Imprecavam o céu pedindo a Deus que afastasse deles a maldição de não ter uma descendência. Deus atendeu-os e nasceu Maria, a mãe de Jesus. Ela também era, em última análise, de Deus.

História idêntica aconteceu com Isabel e Zacarias. Este era sacerdote do Templo. Ambos eram pessoas marcadas pela falta de um filho. Choravam, se lamentavam, rezavam, ofereciam sacrifícios ao

Deus Javé. E nada acontecia, até que o anjo lhes anunciou que suas preces tinham sido ouvidas e que teriam um filho a quem deram o nome de João, que, mais tarde, batizará Jesus. Mais uma história para ensinar que tudo é de Deus.

São histórias bíblicas com o mesmo significado. Tanto o peixe dos pescadores é de Jesus quanto os filhos não são de seus pais, mas de Deus.

Em nossas vidas pouco adianta saber tudo sobre o mar. Há dias em que ele não está para peixe. Não adianta alimentar grandes pretensões, como Abraão e Sara, como Isabel e Zacarias, como Joaquim e Ana. O filho só enche os ventres enrugados de Sara, Isabel e Ana quando Deus diz: "Está bem! Gabriel, vai e anuncia: acabou o tempo das orações, da espera e da esterilidade".

O que não se pode é desanimar. Os apóstolos tentaram a noite toda, Abraão, Joaquim e Zacarias, a vida toda.

Quando falta a graça de Deus, em vão se jogam as redes. Os peixes não vêm. Inutilmente as pessoas tentam, movidas pela ansiedade de um filho. Somos apenas semeadores. A semente não é nossa nem o terreno nos pertence.

São Paulo, na Primeira Carta aos Coríntios (3,1-9), alerta para as vaidades dos fiéis. Uns queriam ser de Paulo, outros de Apolo, de Pedro, de Tiago etc. "Nem o que planta nem o que rega são, propriamente, importantes. Importante é aquele que faz crescer. [...] Nós somos cooperadores de Deus, e vós sois lavoura de Deus, construção de Deus".

Nossos são os cuidados, os esforços, a missão. A vida e o milagre são "obra e graça do Espírito Santo". Sem ansiedades, sem pretensões, sem iracúndia. Quando Deus está presente e atuando em nossas esterilidades não é preciso arrancar os cabelos.

Depois de termos feito o que nos cabia fazer, só nos resta, apenas, agradecer e maravilhar-nos, confessando que "somos servos inúteis". Quem faz, em última análise, florir os jardins é a mão de Deus.

53
Bíblia e oração

"Nada sou, mas pertenço a ti, Senhor!", assim rezava Santo Agostinho.

"Quem sois vós, Senhor, e quem sou eu?", perguntava São Francisco. E rezava: "Vós sois o Senhor do céu e da terra, e eu, um miserável vermezinho, vosso ínfimo servo".

E Jesus terminou sua vida rezando: "Está bem, está tudo consumado. Pai, em tuas mãos entrego o meu espírito".

Mais importante do que a definição sobre a oração é seu exercício. Nem a Bíblia nem Jesus se preocuparam em definir o que seja oração. Jesus apenas se retirava para rezar, ensinou aos discípulos como deviam rezar e, na Bíblia, a pessoa simplesmente reza. Eleva seu coração a Deus, respira Deus, derrama, na fé, o coração a seus pés. A Bíblia é uma grande oração.

Nossos pais, que nos ensinaram a rezar, também não tinham uma definição para a oração. Nem a qualificavam como boa ou não. Rezar, para eles, era simplesmente uma necessidade de fé que sentiam.

Pode-se rezar de muitas maneiras e em todas as situações. Jesus rezou de um jeito quando ensinou o Pai-nosso e, de outro, quando mergulhou na agonia do Jardim das Oliveiras. E sempre rezou com todo o coração. Para nós, a oração brota do chão de nossas vivências nas mais variadas situações.

A oração é sempre graça, uma alegre ou penosa graça que irrompe da luta em buscar o rosto invisível de Deus, em entender os rostos visíveis dos irmãos e os acontecimentos da vida.

A oração tem um foco maior que é Deus, e uma referência de indiscutível importância que é o próximo, os outros. O verdadeiro orante não reza isolando-se medrosamente no céu, como também não vive com seus semelhantes de costas para Deus. Na oração, Deus e a vida são polos que se atraem e se fundem, que se completam e inspiram o ato de rezar.

Teologicamente, Deus é o centro, o sentido absoluto da graça de viver e de rezar. Os irmãos e todas as criaturas são o coração do caminho humano, o teste diário de nossa oração e de nossa consagração a Deus.

Rezemos! Não deixemos de rezar! Nas alegrias, agradecendo; nos sofrimentos, suplicando; no pecado, pedindo perdão.

Sempre derramando o coração aos pés de Deus e procurando encontrar seus olhos divinos. Encontraremos, talvez, nesses olhos a presença dos irmãos que a pressa e as preocupações da vida nos impedem de ver claramente. A oração ajudará certamente a fazer florir nossos jardins.

54
Morcegos e passarinhos

Jesus pregou o amor ao próximo e o perdão aos inimigos. Fácil não é, nem uma coisa nem outra.

O medo nos tolhe de abrir o coração para os outros. Temos medo de ser invadidos por quem está à procura das águas de um frágil regato em que possa refrescar seus pés feridos nas pedras dos caminhos.

Normalmente, o ser humano tem a tentação de se esconder no castelo do próprio eu, castelo em que esvoaçam assustadoramente os morcegos das próprias conveniências, estéreis e entristecedoras.

É preciso viver de coração aberto, correndo e aceitando o risco de uma liberdade fecunda e reconciliada com os desafios da vida e da morte.

Que aprendamos a assim viver, para que os passarinhos voltem a cantar e as flores a florir em nossos jardins.

Reconciliados com Deus, que tanto nos deu e a quem tão pouco reverenciamos.

Reconciliados com todas as pessoas nas quais frustramos seus sonhos e desejos.

Reconciliados com aqueles que nos fizeram mal, mesmo sem o saberem.

Reconciliados com aqueles a quem ofendemos involuntariamente.

Reconciliados com os que nos amaram sem serem devidamente correspondidos.

Reconciliados com aqueles a quem não aplaudimos quando o fizeram por merecer.

Reconciliados com aqueles a quem entristecemos por insensibilidade e despeito.

Reconciliados com aquela Igreja, ambiciosa de poder e cobiçosa de dinheiro.

Reconciliados com aqueles que nos desprezaram e viveram de costas para nós.

Reconciliados com os fazedores de guerra, que espantaram a pombinha da paz.

Reconciliados com os arrogantes, os prepotentes, que foram adúlteros da alma humana.

Reconciliados conosco mesmos, que somos pó de pecado e de morte.

Reconciliados com os morcegos de nossos castelos e com os passarinhos que trilam em nossos jardins.

Queremos, principalmente, que a morte nos encontre reconciliados com os pobres que serão nossos juízes no dia do acerto final, diante do Senhor dos vivos e dos mortos.

55
Nos braços de Deus

O Livro de Jó é uma grande e pungente reflexão sobre o sofrimento e a fugacidade da vida. Jó tinha tudo: mulher, filhos, família, amigos, muitos bens materiais e era "o homem mais rico dentre todos os orientais" (1,3).

Aí entra, na história, o diabo que diz a Deus: "Estende tua mão e toca tudo que ele possui. Aposto que ele te lançará em rosto as suas maldições" (v. 11).

Em outras palavras, estava dizendo o diabo, é cômodo viver na abundância e crer em tempos de fortuna. Mas, se o crente for tocado em sua armada felicidade, deixará de ser "um homem íntegro, reto e temente a Deus" (1,2).

No livro, Deus aceita o desafio e concede ao diabo agir segundo suas pretensiosas alusões. Jó, então, perde tudo: mulher, filhos, amigos e bens materiais.

A partir desta nova situação, Jó passa a refletir sobre "suas noites de sofrimento" e sobre "seus dias que se sucedem sem esperança", dando-se conta de que a vida "é apenas um sopro" e "seus olhos não voltarão a ver a felicidade".

A história continua e Jó, sem nada, vai para o lixo da cidade. Os amigos o acusam de ter feito algum mal para merecer tanto sofrimento. Jó nega e levanta seu nariz contra Deus. Deus discute com Jó, que não sabe responder às interpelações dele. Deus o ensina que não é nada, mas apenas uma pobre criatura orgulhosa e ignorante.

Somente no cap. 40 Jó se confessa "insignificante", se retrata e passa a viver "como pó e a cinza" (42,6). Deus, então, lhe restaura todos os bens e Jó acaba "vivendo ainda muitos anos, vindo a morrer em idade avançada" (v. 17).

Assim é a vida. Cremos em Deus no bem e, às vezes, ousamos interpelá-lo em momentos de perda e aflição. Parecemo-nos com Jó. No bem, viva Deus! Nos males, perguntamo-nos se Ele não nos abandonou e se não nos esqueceu. Deixamos de ser criaturas agradecidas e nos fazemos pretensiosamente acusadores e arrogantes.

Assim, como na história das marcas dos quatro pés na areia, as nossas e as de Deus, quando vemos apenas duas, pensamos que são as nossas. Elas, no entanto, são as marcas dos pés de Deus, que estará, em nossas dificuldades, nos levando, com carinho de Pai, em seus braços onipotentes e misericordiosos.

VI
NOS JARDINS
DA PIEDADE
POPULAR

56
No colo de Jesus

Há expressões da piedade popular que colam mais do que *Super Bonder*®. Uma delas é "no colo de Jesus". Todo mundo quer sentar-se no colo de Jesus. Que bom! É, com certeza, o melhor colo do mundo.

Muitos manifestam este desejo e consolam pessoas que sofrem uma perda irreparável, pedindo que não desanimem porque estão "no colo de Jesus". Mas sentar nele pode ser pretensioso. Estar na mão de Deus seria mais fácil e teologicamente mais bíblico.

Imagino que, sentado nele, Jesus poderia estranhar e perguntaria aos que desejaram este privilégio se eles fizeram o que Ele mandou em seus evangelhos. Quererá saber se eles estão amando o próximo como a si mesmos, se estão amando os inimigos e perdoando setenta vezes sete quem os ofendeu, se trataram bem os "pobres, os doentes e os pecadores".

Talvez até lhes perguntará se fizeram a vontade de seu Pai, se estiveram dispostos a dar sua vida pela justiça, pela paz, se multiplicaram seu pão com os famintos, se carregaram a cruz todos os dias sem reclamar e se levantaram sua voz contra os prepotentes e os fariseus hipócritas.

E, finalmente, lhes dirá: "Não seria melhor vocês oferecerem o próprio colo aos que choram, andam tristes e abandonados, aos membros da própria família, reconciliando-se com eles e com seus vizinhos e colegas de trabalho?"

"Não seria melhor, ao invés de desejar ficar sentados no meu colo, vocês abraçarem a vida com coragem, fazendo o bem para a comunidade e para a cidadania, não preferindo Barrabás a mim nem se conluiando com Herodes, que matou as criancinhas em Belém?"

"Depois, meus amigos – dirá Jesus –, voltem, podem voltar para sentar-se em meu colo, pois ele é de todos e nele haverá sempre um lugarzinho para vocês."

57
Deus no controle

A expressão Deus está "no controle de sua vida" pode, com certeza, ser bem entendida. Deus cuida de você, assim como um pai ou uma mãe cuida de seu filhinho que está fazendo um bocado de artes e estrepulias. Assim entendida, a expressão seria irretocável.

Na verdade, estamos na mão de Deus, e o nome de Deus é misericórdia, como escreveu lindamente o querido Papa Francisco. Foi também ele e a Bíblia que garantiram que Deus não se cansa de perdoar.

Por outro lado, Deus não fiscaliza, não é policial que zela pela ordem e está no controle do que pode acontecer. Nesta acepção, não gosto da expressão. Ela seria redutível e conferiria a Deus um jeito de ser que Ele não tem nem é.

Segundo me ensinou um mestre da Espiritualidade, o Padre Henri Cazelles, meu professor de Teologia do Antigo Testamento, Deus é graça, nada mais do que graça; só pode ser graça. Deus não é controle, a menos que seja visto como um Bom Pai que ampara seus filhos em suas estrepulias.

Mas Ele não puxa as nossas orelhas nem é dado a castigos, mas respeita nossa liberdade, sem fazer cara feia. Assim é que vejo Deus. Ele é o Deus de Jesus Cristo que cuida dos lírios do campo e escuta os gemidos dos pobres. *Gosto muito desta imagem de Deus.*

Viverei e morrerei sempre testemunhando este Deus da graça, que envia seu Filho para "os pobres, os doentes e os pecadores". Coloco-me sob suas mãos grandes e protetoras e a Ele confio o destino e o controle da minha vida. Da minha vida e da vida de todos vocês, meus queridos leitores.

58
Maria, passe na frente

Há uma expressão simpática que convoca Nossa Senhora a tomar a dianteira em situações angustiantes ou melindrosas. Já ouvi muitas pessoas dizendo, quase ordenando: "Maria, passe na frente".

A primeira vez que a ouvi ou a li foi quando um casal trouxe do exterior uma grande imagem de um santo para sua paróquia. Estavam com medo da alfândega. Mas passaram ilesos, sem arranhões.

A mulher que contava a história afirmou que, chegada a hora, disse simplesmente: "Maria, passe na frente!" E, aparentemente, ela passou. Eles, com a "muamba" religiosa, passaram, sem revista ou problema, no rastro de Nossa Senhora.

E se Nossa Senhora agradecesse: "Obrigada pela deferência" e continuasse convidando as pessoas para que a seguissem? "Estou indo para encontrar-me com meu filho na Via Dolorosa. Não sei se vocês sabem, mas Ele foi condenado à morte e, neste momento, entre os apupos da multidão, a satisfação dos doutores da Lei e a covardia de seus discípulos, está carregando uma pesada cruz. Pretendo segui-lo até o Calvário. Vocês aceitariam acompanhar-me?"

A apelação a Nossa Senhora pode demonstrar confiança, mas pode também ser um uso indevido do poder dos céus.

Todos se lembram do teor do Segundo Mandamento: "Não tomar o santo nome de Deus em vão". Pessoalmente, não gosto muito desse tipo de malandragem religiosa. Prefiro a honestidade simples e pura.

Se é para o bem, não há o que contestar. Mas esconder-se atrás da Santa para ludibriar as Leis me parece lamentável e imperdoável. Gosto de gente de *ficha limpa*, e não com cara de pau celestial. Que tal? Será que estas ponderações são corretas ou você está com crédito especial na corte do céu, mandando até em Nossa Senhora?

59
Caminho certo

Há um pensamento redondo com o qual concordo totalmente. "Quem anda com Deus não erra o caminho." É verdade, muito verdadeiro, mas há consequências e decorrências.

Começo lembrando que Deus é o Senhor de todos os caminhos, fazendo seu sol brilhar aos bons e maus. Não há horta que escape das chuvas de Deus. Ele banha todas, fazendo crescer alfaces, tomates, pimentões, rabanetes, mandiocas e frutas doces e coloridas. Mas sua chuva também ajuda as urtigas e as tiriricas. Todas estão nos caminhos de Deus.

Está escrito no Livro do Deuteronômio: "Eis que hoje ponho diante de vós bênção e maldição; a bênção, se obedecerdes aos mandamentos do Senhor vosso Deus, que hoje vos prescrevo; a maldição, se desobedecerdes aos mandamentos e vos afastardes dos caminhos para seguirdes outros deuses que não conhecíeis" (11,26-28).

Andar com Deus não é fácil porque os caminhos dele podem conduzir ao Calvário. A porta que dá acesso à casa de Deus é estreita, assim como o caminho.

E como a gente tropeça quando se dispõe a andar com Deus! O maior tropeço acontece quando se pretende que Deus ande pelos nossos caminhos, e não vice-versa. Aí se instala a tentação do paraíso pela voz da serpente: "Sereis como Deus".

Só se está no verdadeiro caminho de Deus quando Ele é amado sobre todas as coisas e quando se ama ao próximo como a si mesmo. Aí, então, Deus será o caminho certo e verdadeiro, e este caminho tem um lindo nome: Jesus!

A frase acima se tornará perfeita e aceitável, quando e se a pessoa a professa e proclama com alma e coração. Se assim o fizer, ao andar com Deus, não errará no caminho e estará fazendo eco ao único e original provérbio português que conheço: "Deus escreve certo por linhas tortas".

Esta verdade é basilar para a fé e para a nossa confiança de viver. Ela baliza com segurança nossa caminhada. A certeza do êxito de nossa vida repousa sobre esta verdade.

No fim de tudo e dos tempos Deus não será derrotado. Ele vencerá. Deus será bem-sucedido em seu projeto. Nós, cada um de nós, não seremos, finalmente, um arremedo do projeto sonhado por Deus.

Momentaneamente, as coisas podem parecer erradas, as linhas podem parecer tortas. Mas Deus não depende da retidão das linhas para escrever certo.

Sob muitos aspectos e principalmente por seu desfecho humano na cruz, a vida de Jesus foi um aparente e desesperado fracasso. Ninguém esperava pela manhã da Páscoa, que aconteceu para surpresa das mulheres e para a incredulidade dos discípulos. Estes, aliás, já tinham decidido voltar para casa e "ir pescar".

No meio dos torvelinhos da vida pode-se perder o norte e cometer desvarios. Mas Deus está conosco e escrevendo certo por linhas tortas. Porque Deus *não pode errar!* Se pudesse, Deus não seria Deus e suas criaturas seriam eternamente apenas uma linha torta.

Crer nesta verdade é ter uma postura espiritual fundamental que nos afasta do desespero e da frustração e nos faz cantar em meio às trevas, acreditando na luz do sol que vai, sem dúvida, continuar a nascer todos os dias, fazendo florir nossos jardins.

60
Rastro de Deus

Não cheguei a conhecer pessoalmente o Padre Léo, da Canção Nova, que infelizmente morreu ainda jovem, no auge de sua vida. Ele deixou um pensamento no qual diz que não é importante morrer hoje, amanhã ou em alguns anos mais tarde. Importante, disse, é "por onde eu passar, deixar um rastro de Deus".

Isso é correto e bonito, mas, mas... pode ser um pouco pretensioso. Dá-me um pouco de medo assumir um compromisso desta monta. Preferiria dizer que "tenho que viver bem", não me preocupar, ansiosamente, em ser "santo", custe o que custar, e deixando "rastros de Deus" em minha vida para os outros.

Ao contrário, eu me esforçarei para ser uma pessoa de bem, para amar aos meus irmãos, para aturar os chatos, para dar comida aos famintos, para não desprezar ninguém.

Possivelmente, é isto o que o Padre Léo teria querido dizer. Se for isto, aplausos para ele.

Sejamos mais simples, sem pretender ocupar o lugar que só é devido a Jesus e ao nosso bom Deus. Ele, sim, deixou traços de Deus para a humanidade.

Sejamos como o publicano no fundo do templo, de olhos baixos, batendo no peito e rezando: "Senhor, tende piedade de mim, pecador".

Que o Padre Léo nos abençoe da Casa de Deus. É para lá que estamos todos indo hoje, amanhã ou daqui a alguns anos. Sempre, sem a angústia de deixar rastros, mas vivendo alegremente nos rastros de Jesus!

VII
NOS JARDINS DO CORAÇÃO

61
Corações doentios

Há dois tipos de coração doentio: os duros demais e, por isso, impermeáveis, e os mentirosos e, por isso, ambiciosos sem conta.

Os primeiros revestem-se, normalmente, de uma couraça de insensibilidade para esconder seus medos inconfessados. Comportam-se como impávidos e soberanos, parecem rejeitar qualquer tipo de sentimentalismo, mas são incapazes de sentimentos verdadeiros.

Os segundos são egoístas por gula e por destemperado reconhecimento. Fazem tudo para agradar, menos serem agradáveis e verdadeiros. Exageram no sentimentalismo e são falsos em seus sentimentos.

Os primeiros abjuram as manifestações doces do coração; os segundos as desejam com um apetite desmesurado.

Uns e outros desequilibram as possíveis relações com os outros: os primeiros por se mostrarem difíceis e superiores; os segundos por avidez com rompantes de euforia ou por insanáveis ressentimentos.

O coração humano precisa de custódia, mas não de insensibilidade; precisa de riscos, mas não de obsessões descabidas.

Posicionar-se diante do próprio coração é uma arte, uma difícil e dolorosa arte. A pessoa madura não se fecha sem mais com medo de seus sentimentos, nem se abre demais, transformando-se num bonde no qual todos podem viajar livremente, a bel-prazer.

No coração humano só se entra a convite e por favor. Dentro dele só se vive com cuidados, à luz de uma sadia espiritualidade, que produz, como seu melhor fruto, a alegria e faz florir, admirável e magnificamente, seus jardins.

62
Corações de pedra

Que quadro bonito e triste, ao mesmo tempo! No meio da roda, a mulher, de joelhos, envergonhada, cabeça baixa, descabelada, lágrimas nos olhos e no coração, tremendo, com medo. Ia ser apedrejada. Ao redor, os acusadores, os donos da religião, façanhudos, iracundos, com pedras nas mãos e com uma pedra no lugar do coração. Rancorosos, hipócritas, prontos para apedrejá-la e armando uma cilada para testar Jesus. Primeiro, queriam matar a mulher e depois queriam ter razões para prender e matar Jesus.

Não sabiam eles com quem estavam tratando. Com certeza, sabiam o que eles mesmos tinham feito. Possivelmente, eram eles os mais assíduos clientes daquela "pecadora pública". E não se envergonhavam. Se Jesus tivesse perguntado: "Mulher, conheces os teus acusadores?", ela lhe teria respondido que sim e teria denunciado um por um com nome e sobrenome.

Aonde não chega a compaixão humana, ali se faz presente a misericórdia de Deus. Jesus olhou para aqueles sepulcros caiados e lançou um desafio: "Aquele de vós que não tiver pecado atire-lhe a primeira pedra" (Jo 8,7). Por essa, eles não esperavam. Então, mais envergonhados do que a pobre mulher, eles foram se retirando, a começar pelos mais velhos, que mais culpa tinham, com certeza, no cartório.

Só ficaram Jesus, a misericórdia de Deus, e a pobre mulher, pedindo misericórdia. Ele, compadecido, deve ter olhado para ela com ternura e a perdoou. Ela, com certeza, se levantou, abraçou Jesus e lhe disse apenas: "Muito obrigada". Ao que Jesus, olhando no fundo de seus olhos, lhe recomendou: "Mulher, vai em paz, retorna para a tua casa, para a tua família, sê uma boa esposa e mãe, e, de agora em diante, não peques mais" (v. 11).

Sobra-nos uma pergunta: Com quem mais nos parecemos? Com os acusadores hipócritas e desavergonhados ou com Jesus misericordioso? Quem não se parece, ao menos em parte, com esta pecadora pública? Como nós, ela não era santa. Nós também não somos. Temos as nossas fraquezas e pecados, é mister reconhecê-lo, tanto assim que sempre rezamos: "Senhor, tende piedade de nós". E uma ressalva: Não podemos ser como os mestres da Lei e os fariseus, gente de coração de pedra, com pedras na mão, prontos para lapidar os outros, pecadores como eles e como nós.

Como a pecadora pública, queremos voltar para casa para não mais pecar. Mas se isso, por fraqueza, voltar a acontecer, desejamos reencontrar Jesus para que nos tome pela mão, nos erga e nos perdoe. Que Ele nos dê um grande abraço, o abraço de Deus, um grande abraço de perdão, nos salve e nos faça experimentar a sua misericórdia.

63
As fragilidades do coração

O coração, cheio de espírito, é a sede dos afetos e das fraquezas humanas. Sonhamos muito e podemos tão pouco porque nosso coração é frágil, é muito frágil, e nosso espírito é fraco, muito fraco. Estamos cheios de medos e de presunções.

Para tanto basta ver a vida dos dois grandes apóstolos, Pedro e Paulo, as "colunas da Igreja". Pedro era rude e inocente, mas negou o Mestre quando interpelado por uma simples serva do Sumo Sacerdote. Negou por medo. Traiu sem ser mau.

Paulo era erudito, mestre da Lei e cidadão romano. Pensava ter motivos para ser presunçoso. Mas escondia sua fragilidade atrás dos biombos da religião. Não titubeou em ser intolerante e alegrar-se com a lapidação de Estêvão, que fora seu colega aos pés do Mestre Gamaliel.

Ambos eram bons, mas frágeis. Tinham um coração frágil. A Pedro foi preciso que Jesus o olhasse no fundo dos olhos para que ele começasse a chorar. Paulo teve que cair do cavalo de sua presunção, ficar cego para, então, aceitar ajuda de um sacerdote desconhecido.

Assim é o coração humano, frágil e medroso, bom e presunçoso quando fechado sobre si mesmo. Ele só deixa de ser frágil quando o amor o olha e quando deixa de ser autossuficiente.

Sozinho, o coração fica triste e não sabe fazer festa. Com os outros, pode ser lindo e feliz, oferecendo-se como um jardim de flores maravilhosas e perfumadas.

64
Um coração perfeito

Coração perfeito é o coração humano de Jesus. "Foi rasgado pela lança e, na paixão, deixou jorrar apenas água e sangue, lavando nosso pecado."

É um coração esvaziado de sua importância. Jesus abandonou o trono divino para aceitar a penúria de uma manjedoura.

Teve um coração humano esquecido de seus privilégios. Era rei, mas veio para servir. Era Deus, mas cobriu-se com as poeiras das estradas.

Tinha um coração sem as vaidades dos aplausos. Pregava nas vilas e nas casas, longe dos palácios. Preferia o povo à companhia dos poderosos.

Foi um coração terno e impávido, ao mesmo tempo; sentiu medos, mas não foi covarde.

Gostava de uma mesa, mas se fez sensível ao povo faminto. Veio para combater o maligno e nunca negou o perdão aos pecadores.

Curava os doentes e não fugia dos leprosos, tratava bem as mulheres e não condenava os que ainda eram fracos em sua fé.

Embora sendo Senhor dos vivos e dos mortos, no fim da vida, apenas lhe sobraram as mãos perfuradas pelos cravos e o coração transpassado pela lança. Perfeito foi o coração de Jesus.

65
As trapalhadas do coração

Ah, o coração humano, a quem o romancista italiano Alessandro Manzoni se refere como um *guazzabuglio*, um trapalhão, um grande desmancha-prazeres.

Por que a mais difícil das conquistas é a do próprio coração? Por que, tendo todos coração, vivemos normalmente longe dele? A consideração é do escritor irlandês Bernard Shaw, que dizia: "Somos todos reis. Pena que vivamos longe do nosso reino!"

O que mais desejamos é que alguém nos diga: "Você está em meu coração! O meu coração é seu! Você é o coração da minha vida!"

Desenhamos um coração em cascas de árvores e colocamos dentro o nome da pessoa amada. Mas quão difícil é colocar uma pessoa dentro do próprio coração!

Para poder fazer isso é preciso abrir as portas e as janelas do próprio coração e não ter medo de que outros possam entrar e fazer nele a festa da vida.

Queremos a festa do encontro e da vida, mas temos medo que aconteça. Fazemos o discurso do amor, mas não ousamos amar de verdade.

Quase sempre, quando alguém confessa: "Eu te dou meu coração!", está, em parte, mentindo porque ele ainda não é dono do coração que está prometendo dar. Confessa amor e faz promessas, mas não entrega, por medo, o coração do qual não é dono.

É difícil, porque complicado e amedrontador, deixar outros entrarem nos jardins do próprio coração. Para que entrem, é mister deixá-los entrar sem cobranças nem regateios.

Caso contrário, nossas flores nascerão em desertos ou no fundo de florestas para ninguém, senão para os olhos apenas de Deus que pede, como diz a Bíblia: "Filho, dá-me teu coração".

66
De coração aberto

Quando fiz 50 anos escrevi um livro cujo título foi: *De coração aberto*. Tinha, na ocasião, um consultório de psicologia, e chegara à conclusão de que a única terapia efetiva, de resultados palpáveis, era a que desencadeava nos pacientes um processo no qual os envolveria o risco de viverem de coração aberto.

Terapias tradicionais, que reexaminam cansativamente o passado e que recozinham penosamente antigos traumas, podem ser parte indispensável do processo terapêutico, proposto pela Psicologia tradicional. Mas aprendi que este revolver-se na própria banha, que este recozinhar-se doloroso e mirar-se penosamente no próprio espelho não levam necessariamente à cura, se a pessoa não se decide a viver, corajosamente, de coração aberto.

Encerrar-se numa torre de marfim cria uma atmosfera de ares rarefeitos, com parcas chances de crescimento e de alegria. Pouco vale saber o que nos aconteceu na infância ou em algum momento dos verdes anos da nossa juventude, se isso não nos abre para novos horizontes de esperança e para a convicção de que vale a pena viver, mesmo sob o risco de novas desilusões.

Toda cura passa pelo desafio de se viver, corajosamente, de coração aberto. Só assim nossos jardins têm chances de florirem.

VIII
NOS JARDINS DA PSICOLOGIA

67
O pior sofrimento

O pior sofrimento é o da rejeição, acintosa ou petulante, sempre fria e mortal. É uma morte em vida, é um inferno sem perspectivas de redenção.

A rejeição é a própria negação do caráter de ser gente, criado por amor para amar e ser amado. Quem rejeita rompe, cruelmente, a natureza original do outro de ser gente, e quem é rejeitado sofre a dor de não ser reconhecido como gente.

Por trás da rejeição há uma sentença de morte e um julgamento cruel e inaceitável contra os sonhos de vida em plenitude com possibilidade de amar e ser amado.

A rejeição costuma se manifestar na discriminação do diferente, implicando desprezo, condenação, eliminação e humilhação.

A discriminação pode ser mais do que uma punhalada. Pode ser um crime contra a humanidade da pessoa rejeitada e contra Deus, que não discrimina ninguém, nem o pecador que o nega, nem o arrogante que lhe dá as costas.

A aceitação do outro é o mandamento do amor evangélico de Cristo, que não rejeitou ninguém e deu sua vida para a salvação de todos.

A sua luz ilumina todos os rostos e cria laços de fraternidade entre todos que são filhos da vitória e da ressurreição sobre o pecado e sobre a morte.

Quem não aceita o outro como irmão é um demônio de um inferno que é a rejeição.

68
O vaso de flor e a vassoura

A Igreja Católica tem um sacramento muito festivo que pode ser também muito doloroso. É o Sacramento da Penitência, também chamado de Confissão.

Nele, processa-se um desnudamento que pode ser vergonhoso por seu aspecto confidencial das mazelas morais de uma vida, mas que é altamente consolador quando produz um sentimento de perdão e é celebrada a reconciliação e a paz.

Muitas pessoas temem este ato sacramental por abrir a outro ser humano igualmente pecador, o padre, o acesso às próprias mazelas. Outras, no entanto, podem apenas confessar-se em atos repetitivos de rotina, sem arrependimento e nenhum bom propósito. Para umas e outras valeria uma reflexão.

No sacramento religioso da Reconciliação revela-se o verdadeiro ideal evangélico e festivo do reencontro com Deus e com os irmãos. Bem feita, a Confissão pode levar a lágrimas amargas e bem-aventuradas, assim como pode, também, ser sem efeito e nenhuma graça.

Ao confessar-se, a pessoa volta-se sobre suas fraquezas e sobre o rompimento da sonhada convivência humana. A ofensa a Deus pode ser grave, mas é menos dolorosa do que o laceramento da alma infligida a outro ser humano. Grave é a desobediência aos preceitos divinos e evangélicos.

Falemos de penitentes verdadeiros. Há os que não conseguem libertar-se de repetitivas faltas cometidas e não se esquecem do lado sombrio de suas fraquezas morais. Confessam sempre a tristeza de uma velha e ocorrente situação, martelando uma dependência que as infelicita desgraçadamente.

Etimologicamente, a palavra obsessão pode vir da palavra latina *obcaecare* (cegar), que aponta para uma *cegueira* de origem psicológica, nem sempre moral. Nestes casos, o obcecado se fixa ou se torna dependente de um entristecedor comportamento que o martiriza sem deixá-lo livre e senhor dos próprios atos.

Mas a obsessão pode também derivar de outro verbo latino, ou seja, *obsedere (cercar)*, que caracteriza um comportamento que *cerca* a pessoa por alguma coisa ou situação. No fundo, ela não consegue romper este cerco e sua obsessão a desequilibra, fazendo-a trocar o normal por algo anormal e fora do lugar.

Aqui me ocorre uma comparação, tomando como referência um vaso de flor e uma vassoura. Em pessoas de bom-senso, um vaso de flor é colocado na mesinha de centro em sua sala de estar. A vassoura, ao contrário, embora útil e necessária, tem seu lugar atrás da porta ou na área de serviço, longe dos olhos de seu dono.

Pois bem, há pessoas que mudam os lugares devidos ao vaso de flor e à vassoura. Colocam, obsessivamente, a vassoura no centro da sala e o vaso de flor atrás da porta. Não têm a sabedoria de destinar as coisas segundo sua importância e lugar apropriado.

Na Confissão há penitentes que se esquecem dos aspectos luminosos de suas vidas; ou seja, dos vasos de flores que deveriam ocupar o centro de suas salas de estar. Colocam nelas, suas vassouras, dando-lhes um *status* que normalmente não têm. Irracionalmente, contentam-se com esta troca, exaltando as vassouras e diminuindo a importância dos vasos de flor.

Seus jardins podem ser floridos, mas certos penitentes entregam-se à obsessão das ervas daninhas que também crescem em seus jardins. Tais pessoas deveriam lembrar-se da parábola evangélica do joio e do trigo. Diante da impaciência dos apóstolos, que queriam arrancar o joio, Jesus lhes recomenda: "Não arranqueis o joio, para que não aconteça que arrancando o joio, arranqueis também o trigo. Deixai que os dois cresçam juntos até à colheita. No tempo da colheita direi aos que cortam o trigo, colhei primeiro o joio e atai-o em feixes para o queimar; depois, recolhei o trigo no meu celeiro" (Mt 13,29-30).

A obsessão pelo joio faz com que muitas pessoas se esqueçam dos jardins que, em todas as vidas, ainda continuam florindo. Tropeçam nas vassouras que colocam fora de lugar e se esquecem dos vasos de flores que colocaram atrás das portas.

Seria expressão de alta sabedoria colocar o vaso de flor na mesinha da sala e a vassoura atrás da porta ou na área de serviço.

69
Não maltratar o mistério humano

A realidade mais fácil de ser maltratada, por ser talvez tão complexa e, às vezes, complicada, é o mistério humano. Uma cientista romena, em plena vigência do regime comunista, alertava, para espanto de seus colegas ocidentais: "O grande perigo que o mundo corre, hoje, é o da adulteração do mistério do ser humano!"

Quem tem, como eu, a graça de passar horas num consultório de psicologia, num parlatório de convento para aconselhamento e, até, no confessionário de uma igreja, sabe que o ser humano está, às apalpadelas, em busca de si mesmo e com grandes dificuldades de encontrar-se. E, no lusco-fusco desta busca, está às vezes chorando, ainda que baixinho, porque se sente espiritualmente anêmico e sem rumos. Esta anemia é a grande doença do nosso tempo.

No concreto da vida, as pessoas, mesmo desejando ser boas, não sabem bem como, nem se sentem suficientemente firmes para sê-lo. Têm um grande coração, mas suas mãos são pequenas. Abrem grandes asas sobre o infinito dos sonhos, mas seus pés de barro não as levam para muito longe. Eis a dicotomia que as atravessa e infelicita.

E vivem tristes ou, melhor, entristecidas. Não experimentam mais as alegrias cristalinas do espírito. Em corpos saudáveis, resplandecentes, vive um espírito raquítico, cheio de perguntas, mas com poucas respostas de certeza. Faltaria a estas pessoas força espiritual. Vivem se agitando muito, mas sem a capacidade de serem intensas.

Com isto, cria-se um conflito na pessoa, conflito que se torna grave por não desencadear um choque entre duas faculdades (entre o espírito e o psiquismo), mas por ocorrer apenas dentro de uma mesma área de definição. Nestes casos, a pessoa não se apresenta como conflitada, mas simplesmente como dividida. Esta divisão é perniciosa e corrosiva porque deteriora, a partir de sua raiz, o equilíbrio interno do mistério humano que é alimentado e engrandecido pelo conflito.

Viver em conflito não é de todo bom nem de todo mau. Viver dividido, no entanto, é uma catástrofe infernal que embaralha o caminho que se faz e ofusca o destino a que se quer chegar.

Mesmo com a ressalva de que viver em permanente conflito não é bom, afirma-se, no entanto, tanto na psicologia quanto na espiritualidade, que é mais importante tê-los do que levar uma vida sem sentido, brigando consigo mesmo.

Angustiar-se objetivamente por ideais é, em geral, doloroso, mas muito sadio e benéfico. Viver ansioso e sem rumo, perdido na escada em caracol do próprio eu, deveria a todo custo ser evitado.

Em resumo, a angústia e os conflitos são fermentos de crescimento da vida; podem até dificultar, momentaneamente, a caminhada, mas são positivos. A ansiedade, não; ela é paralisante e maltrata o mistério humano, não permitindo que a pessoa se desenvolva normalmente.

É verdade que, quando se diz "vou tentar", corre-se o risco de acertar ou errar, de encontrar a verdade ou de queimar incenso à mentira, de acolher anjos na própria casa ou de esbarrar com o diabo. Esta conflitividade é altamente positiva porque envolve o espírito e permite crescer em direção a uma plenitude, tornando a pessoa mais despojada e espiritual.

O contrário, ou seja, a capacidade de nunca errar, seria próprio de *pessoas matemáticas*, segundo confessou um guarda-costas no livro *Proteu*, de Morris West. Elas compreenderiam tudo, teriam boa formação intelectual com um raciocínio frio e científico, mas sem sentir mais nada. Seriam muito cabeça para um anêmico coração. E cairiam, por isso, na gaiola da gula, comendo demais e de tudo, mas já não tendo nenhum paladar interior. Engordariam e se sentiriam empanturradas, sem nenhuma sensibilidade transcendente. Viveriam a ansiedade da boca, do estômago, da pele sem a angústia espiritual de querer crescer e subir.

Ser gente, em plenitude e com todo o coração, sem maltratar o mistério, eis o grande desafio da vida! Somente quando a pessoa aceita os conflitos que lhe são próprios, somente quando deixa de viajar para longe de si mesma e cria, paradoxalmente, a capacidade de fazer dos outros a grande lembrança da própria vida, somente então a pessoa se torna o que deveria ser; isto é, ela mesma.

Permitam-me uma outra referência que a colho de C.G. Jung, em *O homem em busca de uma alma*: "Está-se tornando cada vez mais óbvio que não é a fome, não são os micróbios, nem o câncer, mas o próprio homem o maior perigo para a humanidade, porque ele não dispõe de proteção adequada contra epidemias psíquicas, infinitamente mais devastadoras em seus efeitos do que as maiores catástrofes naturais".

Só um espírito pujante terá condições de alicerçar a casa dos sonhos que busca construir. Se nosso espírito, no entanto, for fraco, queimaremos nossas asas ao contato com o sol das mais reles paixões. Viver e sobreviver é dar qualidade espiritual à vida. Em outras palavras, é ter uma espiritualidade sadia, forte e aprumada. E isto acontece quando se fortalece o interior, libertando-se da imoderação compulsiva das *pathés* (paixões) e driblando a mais comum das tentações; ou seja, a de maltratar o mistério humano. Um mistério humano não maltratado é um encantador jardim florido.

70
A empolgante aventura de ser

A pessoa possivelmente tem como limites de seu ser um *não* que a afasta da destruição definitiva e que a horroriza diante da possibilidade de um sufocamento insuportável, e tem um *sim* que, misteriosamente, a agiganta e marcadamente a torna ímpar e única dentro dos quadros da criação. Ninguém quer morrer e todos sentem, mesmo o mais empedernido ateu, que temos, como diz a Carta aos Hebreus, "uma vocação celeste" (3,1).

A destruição da morte é a maior de todas as frustrações, e qualquer violência contra a vida gera reação e revolta. A impressão que sobra ao espectador no final do filme *Laranja mecânica* é a de uma deprimente comiseração pelo jovem mentalmente doente e sádico personagem principal, e de repulsa formal contra os agentes da cruel sociedade institucional que, através de uma violência dirigida, pretendiam, sob a cobertura de uma falsa ciência, libertar o doente de seus sadismos e reintegrá-lo numa sociedade sadia e ideal.

Certamente será possível ver, nesta alérgica predeterminação humana de horror à morte e à violência contra seu ser, as pulsações espirituais latentes de um desejo de imortalidade.

A pessoa quer, acima de tudo, viver. Tal qual o Ser Supremo, o homem é um amante da vida (Sb 11,26) e sonha com uma vida em plenitude. É nisto que se revela sua verdadeira imagem e semelhança com o Deus da vida.

É aqui que lateja o melhor do mistério humano em seu mais doloroso e grandioso paradoxo. Aspirando ser imortal, a pessoa reconhece, na raiz de sua história, o gérmen da morte que lhe corrói a vida e que ela, ao mesmo tempo, abomina e faz de tudo para eliminar.

Esta sensação de dupla realidade (morte certa e desejo de vida), convivendo dialeticamente em si, fez com que, ao longo dos séculos, correntes do pensamento exaltassem ora a transcendência do desejo, ora se fixassem em seu apego ao material.

De uma maneira ou de outra, quem sempre perdeu foi o mistério do homem que não pode viver desancorado desta dupla verdade. Ele é vida e deseja viver. Ele é morte e terá que morrer. É nisto que reside a beleza da vida e sua tragédia, tornando-se o homem para si mesmo seu maior desafio e tendo na vida sua mais empolgante aventura.

71
Sentimentos congelados

Santo Irineu († 202), que foi bispo de Lion, cunhou uma expressão que fez história dentro da Antropologia teológica: *Gloria Dei homo vivens*, ou seja, "A glória de Deus é o homem vivo". Alguns tradutores, para explicar melhor a ideia do bispo e com medo de que algo se perdesse, ainda acrescentaram o advérbio "plenamente". Assim, a glória de Deus seria o homem plenamente vivo. Tal acréscimo nem seria necessário, pois estar vivo já é uma epifania.

No entanto, é possível estar vivo sem o estar plenamente. Não basta dar um alô, embalar um berço, abrir os olhos, varrer uma casa, preparar um cafezinho, digitar um texto, cantarolar uma música ou dar um abraço para sentir-se plenamente vivo. O exterior pode disfarçar áreas adormecidas dentro da pessoa. Melhor do que adormecidas, congeladas. Há pessoas que escondem e disfarçam um frio glacial, mesmo quando seu rosto parece calmo e até impassível.

Na psicologia costuma-se distinguir vários tipos de neurose, algumas delas escorregando perigosamente para o campo das psicoses. A *neurose obsessiva*, por exemplo, caracteriza-se por um descontrole do indivíduo em suas respostas frente à realidade. Sem liberdade, o eu já não se comporta devidamente, sentindo-se ameaçado e reagindo obsessivamente diante de determinados estímulos.

Dou um exemplo para ilustrar brevemente a teoria: Determinada pessoa não suporta, digamos, determinado comportamento de alguém (coçar a cabeça, digamos, ou mastigar com ruído). Quanto mais procura não notá-lo, mais nele se concentra. O comportamento, em si, pode ser desagradável e, ao mesmo tempo, irrelevante, mas torna-se um problema sério quando já não se consegue mais viver sem reagir diante dele. Quanto mais ele ocupa espaço, mais se torna a pessoa, obsessivamente, dependente dele e perturbada.

Há a *neurose de angústia*, que se caracteriza por uma valorização de algo que não teria, em si, poder para motivar uma angústia real. Esta angústia é basicamente irracional.

Dou outro exemplo. Alguém, por razões inexplicáveis, não pode comer sorvete ou lavar-se senão com sabonete branco sem sentir-se ameaçado. Por trás deste comportamento pode haver motivações lógicas, que são, no entanto, irracionais, sempre com sensações de descontrole por parte do eu.

E há, por fim, a *neurose fóbica*, de consequências mais sérias, que torna a pessoa inibida afetivamente, levando-a a comportamentos esquisitos e exagerados. Certas pessoas religiosas, por exemplo, em nome da pureza, temem qualquer tipo de contato físico e naturais manifestações de afeto. Cuidam tanto da pureza, em nome de Deus ou da religião, que se sentem incapazes de amar e fazer festa.

A convivência com essas pessoas é extremamente problemática, pois ou se refugiam num certo doutrinarismo (elas sabem tudo!), que prima pela frieza, não apresentando nenhum calor humano, ou assumem ares de donas da realidade, fazendo tudo para que todos e ela mesma girem em torno do próprio (inchado e inflamado) eu.

Todas estas pessoas têm congelado em parte ou grandemente seu mundo interior. São pessoas difíceis, esdrúxulas, que luzem em firmamentos próprios, defendendo e protagonizando sempre apenas suas ideias, que podem ser certas ou erradas, impondo seus sentimentos emotivos ou depauperados, mas sempre conflituais.

Nenhum destes tipos descritos mostra uma pessoa plenamente viva e uma epifania de Deus. Ao contato com elas, sentimos pena. Elas não nos remetem à glória de Deus. Literalmente, patinam no gelo de suas deformações psíquicas e na dureza de seus medos, aversões e rancores.

Mas façamos uma ressalva: tais pessoas poderão ser mais santas do que as demais. Algumas até, e muito possivelmente, envidam maiores esforços do que nós no caminho da pureza, privando-se com maior generosidade e prontidão das doces e permitidas tentações que o mundo de Deus oferece. São mais santas, sim, mais puras, sem dúvida, mas também são mais tristes.

Tais vidas são uma tristeza. São mais para serem admiradas com espanto, como se dizia de alguns santos, do que seguidas e imitadas.

A glória de Deus está escondida em suas almas e congelada em seus rostos, que não têm sol. Vivem para dentro de si mesmas, preservando uma pureza de sentimentos que não canta nem se reparte. Seu coração não se abre, senão numa tarefa insana de moralizar tudo e todos.

O céu para elas não é, infelizmente, um sonho que alimentam com os outros e para os outros, mas apenas uma possibilidade que a misericórdia de Deus lhes concederá certamente, após terem, no sofrimento, derretido a tristeza de seus sentimentos congelados. Seus jardins, com a presença ostensiva desses cactos, não são floridos.

72
Refratários e dublês

Num quadro fortemente caricaturado, podemos dizer que há dois possíveis tipos de espiritualidade: um tipo seria o apanágio de pessoas ensolaradas, enquanto que o outro marcaria o perfil de pessoas com comportamento de porco-espinho.

As primeiras não se caracterizariam apenas por serem *pascais*, ou seja, com uma verdade que lhes ilumina a vida; elas seriam também *pentecostais*, pois vivenciariam o que acreditam e o testemunhariam, sem agressão, com coragem e alegria. Seriam pessoas de coração aberto, voltadas para fora, sem medo dos outros e sem condenações.

Por outro lado, há as pessoas que têm uma espiritualidade de porco-espinho. Suas sombras se revelam e as tornam como que refratárias ou dublês. Enquanto uma sadia espiritualidade respira ares puros a largos pulmões, refratários e dublês vivem perdidos, ansiosamente, nos labirintos do medo, só se arriscando ou para condenar vidas livres ou para se autocondenar, manifestando não estarem preparadas para o exercício da liberdade.

Os *refratários* se enquadram, psicologicamente, entre os tipos neuróticos esquizoides e se caracterizam por um medo abissal frente à liberdade e ao outro. Em consequência, rejeitam tudo e todos, não se importando como sejam e o que façam. Estão, por isto, permanentemente em briga com seu exterior, porque vivem em conflito consigo mesmos.

A alteridade, o outro, é-lhes um perigo e uma ameaça. Preferem, por isto, atacá-lo como forma de autodefesa, para não se sentirem destruídos. De antemão, não concordam com nada e ninguém, desconfiando das boas intenções de quem quer que seja. São dogmáticos e empedrados, além de normalmente carrancudos e pouco simpáticos.

Eles se parecem com espelhos que não absorvem as imagens que refletem, mas apenas refrangem a luz. Assumem, rigidamente e por princípio, a clássica postura da anedota espanhola: *Hay gobierno? Soy contra!* Rejeitando o diálogo e fechados sobre as próprias razões, nunca se abrem ao *por quê*. Assim se comportam por medo, por autopreservação, com uma tristeza espiritual, não necessariamente por maldade.

Os *dublês* também convivem mal com o valor da liberdade. Ao contrário dos refratários, que brigam com a liberdade dos outros, os dublês preferem valer-se da liberdade de alguém. Ancorados num discurso idealista e sempre supostamente a serviço de um bem maior, procuram habilmente disfarçar a inconsistência das próprias posturas através de uma fiel subserviência a outrem. Popularmente são os conhecidos puxa-sacos.

Escolhem normalmente uma pessoa importante em quem passam a confiar cegamente. Pode ser um político, um chefe qualquer, uma autoridade ou instituição. Importante para eles é a proteção garantida pelo guarda-chuva do poder. Debaixo dele, sentem-se seguros e desobrigados a recorrer ao exercício da própria liberdade. Se o chefe é livre e forte, isto basta. Com isto não precisam pensar nem decidir, evitando os riscos que as decisões trariam. Mas como quem decide é sempre o outro, eles só conhecem a virtude da obediência cega, que padece, em última análise, de falta de ar.

Quando essas pessoas são chamadas a enfrentar, fora dos arraiais da própria tribo, outras pessoas que pensam e agem diferentemente de seu chefe, ou se tornam medrosas e mudas ou condenatórias e refratárias. Nunca são elas mesmas, apenas dublês ou carbonos de alguém. Também elas, digamos, por amor à verdade, não agem por maldade; são apenas pessoas com uma espiritualidade delegada.

Refratárias e dublês, tais pessoas, por razões de medo, de inadaptação social e por falta de musculatura psíquica e espiritual, dificilmente apresentarão uma espiritualidade pura, de águas limpas, forte, que cause admiração.

Poderão até ser santas, muito santas, mas nunca servirão como exemplo de espiritualidade de vida para os outros. Poderão fazer grandes sacrifícios e penitências para agradar a Deus, mas nunca agradarão aos que convivem com elas e serão, desastradamente, uma eterna penitência para todos.

Vivem tristemente ancoradas em si mesmas, enclausuradas, sem capacidade de viver com todo o coração qualquer aventura humana. Há como que uma som-

bra que ofusca suas vidas. Como refratárias, nunca serão pascais; como dublês, nunca serão pentecostais.

Como pessoas humanas, não iluminarão os caminhos comuns, pois viverão sempre à sombra ou do próprio eu, que é fraco e amargo, ou do eu dos outros, que é tirânico e falaz. Elas mesmas serão sem graça por falta de luz própria. Seus jardins não são floridos.

73
Fariseus e hipócritas

Kierkegaard (1813-1855), o atormentado teólogo dinamarquês, afirmou que pura é a pessoa que quer uma só coisa, e isto com todo o coração. A tal ponto desejaria esta única coisa, que estaria disposta a dar a vida, se preciso fosse, para não ser uma mentira. Esta pureza seria sua luz e graça, sua glória e beleza, o apanágio de seu comportamento.

Não é o que acontece com os hipócritas e fariseus, que são essencialmente impuros, uma vez que, por caminhos enviesados e indefinidos, mentirosos e inconfessáveis, desejam a mais impura das realidades; ou seja, o próprio e sempre guloso e nunca satisfeito eu.

É isto que os caracteriza e os faz temidos e desprezíveis: a ambição sem pudor, desregrada e egoísta de só buscarem a si mesmos, ainda que devendo passar por cima dos outros. Não é preciso dizer que perdem, assim, a estima de seus semelhantes, pois nunca se dão ao luxo de sacrificar-se por outro valor que poderia engrandecê-los.

Eles mereceram as mais duras palavras de Jesus, porque fechavam aos homens o Reino dos Céus, no qual não entrariam; porque seriam capazes de percorrer mar e terra para converter um só homem, para depois torná-lo merecedor do inferno; porque eram guias cegos que enganavam o povo; porque cumpriam a Lei em seus mínimos detalhes, mas não tinham justiça e misericórdia; porque limpavam o copo e o prato por fora, mas, por dentro, estavam cheios de roubo e cobiça, hipocrisia e iniquidade; porque honravam os profetas, construindo-lhes sepulcros grandiosos, mas eram cúmplices de seu sangue derramado (Mt 23,13-31).

Jesus chamou-os, por isso, de serpentes e raça de víboras, de mentirosos e soberbos, de cruéis e sepulcros caiados, de usurpadores da cátedra de Moisés e assassinos de inocentes, de falsos e egoístas, e pediu ao povo que, escutando suas pregações, não seguissem seus comportamentos (v. 1-8). Sobre eles derramou Jesus sete ais!

Uma pesada sombra paira sobre a espiritualidade dos hipócritas e fariseus, ofuscando até o bem que fazem, as esmolas que dão e as orações que dirigem a Deus. Não é preciso condená-los, mas é conveniente estar alerta diante de suas mentiras e evitar a dualidade de suas vidas.

Falta ao fariseu autenticidade de comportamento e nobreza de sentimentos. Seu pequeno mundo está totalmente ocupado com a luxúria da própria vaidade. Não se encantam com a grandeza de Deus, com o amplo milagre da vida, não perdoam e não têm misericórdia para com os seus semelhantes.

Tudo o que fazem se resume a um soberbo desfile de seu esvaziado espírito. E o fazem com empáfia! Em consequência, são tão insensíveis em relação aos outros quanto o são, na mesma medida, condescendentes para consigo mesmos. Condenam sem piedade os outros, ao mesmo tempo em que se apoderam, sem pudor, dos primeiros lugares nas sinagogas e, hipocritamente, levantam seus braços, em praças públicas, para os céus.

A vida dos fariseus é uma mentira, encenações de um trágico teatro. Por fora, como disse Jesus, são sepulcros caiados, reluzentes, enquanto que, por dentro, estão cheios de podridão e rapinas. São moralizantes nas palavras, mas hipócritas nas ações.

Não vivem, por isto, com todo o coração, o eu-tu da vida, e não seguem o caminho no qual acreditam. Sua espiritualidade é sem consistência e, embora sejam *pascais* (conhecem e até proclamam a verdade), falta-lhes, no entanto, o aprumo dos seres *pentecostais*, que têm a coragem de dar a vida por ela, subindo os degraus do templo e correndo os riscos inerentes a este ato e decisão.

Escusado talvez seja confessar que a sombra do farisaísmo deslustra a espiritualidade de quase todo mundo. Quem já não se surpreendeu rezando, entre lágrimas, para Deus, enquanto seu coração se colocava a quilômetros de distância de seus semelhantes, insensível aos seus choros? Sabemos que a pureza do Evangelho é difícil de ser vivida em espírito e verdade. Quando os caminhos da provação se estreitam, a tentação sempre será a de buscar as praças públicas para o desfile das boas intenções.

Tal procedimento, na verdade, deixa entrever uma espiritualidade ainda pouco pura e firme. Mas seu fortalecimento só pode ser encontrado fora das trilhas do farisaísmo e longe de qualquer hipocrisia. Está nas mãos dos outros e do grande Outro.

Quanto mais alguém vive no esquecimento de si mesmo e aberto para o grande milagre da vida, tanto mais se candidata, com todo o coração, às alegrias da espiritualidade e aos seus benefícios de ver florir seus jardins.

74
Sensualidade e espiritualidade

Porque a pessoa é formada por dois elementos que, presididos pelo espírito, lhe conferem unidade, ou seja, corpo e alma, ela pode ser mais corpo ou mais alma, desequilibrando pela ditadura de um (do corpo) ou do outro (do espírito) a harmonia de seu ser.

A ditadura do corpo chama-se "sensualismo"; a da alma, "espiritualismo". Ambas não são boas, na medida em que uma sufoca a outra, desestruturando o ideal de ser: uma criatura, composta por dois elementos, antagônicos entre si, mas não de todo irreconciliáveis.

Cada qual tem as suas tendências ou desejos, que, uma vez submetidos ao projeto maior, levam à plenitude de seu destino humano e maduro.

Por um lado, a pessoa é regida por um *movimento de diferenciação*, que se exprime como possibilidade de incorporação de sempre novos desafios; por outro, este movimento, quando isolado e sem um centro de referência, desestabiliza o equilíbrio espiritual da pessoa, se esta não se deixa também reger por um *movimento de integração*, que preserva e coordena a plenitude de sua identidade.

Para integrar, a pessoa precisa correr o risco de se abrir para receber, não se satisfazendo apenas com os dividendos de antigos investimentos; mas não basta também apenas se abrir a sempre novas experiências, sem integrá-las corretamente, pois aqui o risco que se corre seria o de ser uma multiplicidade desencontrada. Ambos os movimentos são importantes, porque amadurecedores da pessoa. Quando fria e refratária, a integração esclerosa, ao passo que a diferenciação obsessiva superficializa e torna a pessoa insatisfeita e infeliz.

Estas observações, de fundo eminentemente psicológico, valem para o mundo da oração e da fé. Há os que borboleteiam sofregamente em busca de sempre novas experiências religiosas, sugando avidamente os seios de novos tipos de oração ou aventuras religiosas. E dizem, à boca cheia, que rezar assim "é gostoooso", que sentir Deus assim "é uma maraviiilha".

Um sempre novo grupo orante os envolve como uma mãe, uma nova comunidade de crentes os extasia, e eles se sentem aconchegados nestes momentos a expressões sensuais de piedade. Fora deles, tudo é meio sem graça e Deus parece estar distante. Para os rezadores e crentes "sensualistas", o importante é o grupo, o ambiente, as formas da oração, as sensações religiosas, mais do que o próprio Deus.

Não é preciso adiantar que certos grupos religiosos e carismáticos podem cair nesta tentação. Por outro lado, há pessoas que podem, desprezando a dimensão comunitária da fé, cair num estéril espiritualismo do "eu-só-com-Deus-sem-mais-ninguém". Outra falácia que deve ser evitada como perniciosa.

A oração e a fé têm, por sermos corpo e alma, características sensuais e espirituais. Ambas devem, no entanto, ser sadias, e não boçais, herméticas e entristecedoras.

Os mestres espirituais confirmam que o próprio Deus se faz experimentar aos iniciados e que, então, é "gostoooso" rezar e senti-lo. Mas, pouco a pouco, tal gostosura, na medida em que os iniciantes vão penetrando no mistério da fé, vai caminhando para o fim; Deus começa, aparentemente, a abandoná-los. Por certo período, perdura o sensualismo da experiência de Deus, mas ela se encaminha inevitavelmente para a purificação da verdadeira espiritualidade da religião.

E quanto mais eles avançam, mais se faz presente o desafio da cruz, no qual não é gostoso nem subir nem nele permanecer. Tal ascensão se torna inevitável para que, no abandono aparente de Deus, faça-se inegável sua mão onipotente e uma feliz páscoa libertadora.

75
Confie em você

Instintivamente, desconfiamos de tudo e de todos. À base destas desconfianças estão nossas inseguranças pessoais. E porque não confiamos nem em nós mesmos, é mais fácil e conveniente desconfiar dos outros.

Não dá para viver em paz desconfiando, com medo, de tudo e de todos. Feliz é a pessoa que vive de coração aberto e trata a tudo e a todos com respeito e bem-querer!

O grande juramento de amor no casamento significa: eu confiarei em você e você poderá confiar em mim, "na alegria e na tristeza, na saúde e na doença, por todos os dias de nossas vidas"!

Pare diante de si mesmo e se alegre com a pessoa que você é, uma pessoa que luta pelo bem, que sonha com grandezas e que já alcançou tantas vitórias, grandes ou pequenas.

Tenha confiança em si mesmo! Confie em sua inteligência, em sua criatividade, na capacidade de se relacionar bem e na força de seu coração.

Você, sem dúvidas, tem mais coisas em que confiar do que a temer. A confiança é um sentimento e uma disposição espiritual que dão segurança a seus pés e asas a seu espírito.

Quem confia em si mesmo já é um vencedor. O que a autoconfiança não pode é tornar a pessoa arrogante, enfraquecendo em si o senso crítico que deve acompanhar suas decisões.

Não olhe para os outros como se fossem seus inimigos, como se estivessem sempre dispostos a fazer-lhe mal. Não! As pessoas, em geral, são boas, gostam de receber um "bom-dia", gostam de amar e de serem amadas.

Ao levantar-se, a cada manhã, abra bem seus braços para a vida. Peça a Deus que o abençoe e seja uma bênção para os outros. Olhe para as pessoas de sua casa e diga: "Que bom que vocês existem!" E não se surpreenda se elas o olharem diferentemente, desconfiadas de que você começou a mudar. Para melhor! Para muito melhor!

Quando você, então, sair para a rua, o sol já estará, com certeza, brilhando em sua alma e em seus floridos jardins.

76
O apanágio da liberdade

Encontrei um colono de mãos calejadas e unhas pretas que rezava ao se servir de um pedaço de pão.

Encontrei um homem cansado, encurvado pelos muitos anos, apoiado numa bengala, que olhava agradecido para o sol.

Encontrei um homem que falava pouco, mas sorria muito porque tinha uma grande família que era seu tesouro.

Encontrei uma mulher que dava o peito a seu filhinho, acariciando seu rostinho redondo e satisfeito.

Encontrei um pobre cego que pedia uma esmola por amor de Deus e que não xingava a vida nem mesmo quando os passantes não lhe davam atenção.

Encontrei uma jovem que se levantava cedo e ia disposta para o trabalho porque sua mãe tinha de ficar em casa cuidando de seus irmãozinhos.

Encontrei um médico, todo de branco, chorando num canto do hospital, porque não conseguira salvar a vida de um paciente.

Encontrei um padre, cuja maior alegria era dar o perdão de Deus e oferecer aos fiéis o Corpo de Cristo.

Encontrei uma mulher muito pobre que me disse um dia: "O senhor é muito bom, mas nunca me deu um abraço".

Encontrei um homem que tinha tudo, mas não era livre.

Fácil é falar sobre a liberdade. Fácil é cantar a liberdade em prosa e verso. Fácil é desfilar pela liberdade. Difícil, muito difícil é ser livre.

Somos doentes, tropeçando em nossas mazelas, por falta, muitas vezes, de liberdade.

Somos obesos pela gulodice dos instintos do corpo e do espírito.

Só quem é livre não escandaliza os outros com os destemperos de seus desmandos. Nem se escandaliza com as próprias misérias e dependências.

A criança não é livre em seus espontâneos egoísmos. O jovem não é livre em suas paixões e sonhos. Não é livre o adulto em suas afirmações peremptórias e inabaláveis.

Livre é quem dá a própria vida por seus amigos. Livre é quem é capaz de dizer "não" sem acumpliciar-se por simpatia. Livre é quem grita contra o mal quando todos se calam. Livre é quem se arrisca quando todos, por medo, se encolhem.

A liberdade é uma energia espiritual que só floresce nos jardins de homens retos e intimoratos.

A liberdade merece um altar. Nele serão imolados os que vivem por grandes ideais e morrem cantando a beleza dos grandes valores.

Quem vive só para si mesmo não é livre.

A liberdade só entra e sai quando a pessoa vive de coração aberto, sem trancas, sem reservas, sem meias medidas.

É difícil, é muito difícil viver assim, é difícil ser livre. A liberdade é o maior apanágio do ser humano.

Deus não impediu que o homem perdesse o paraíso porque respeitou a sua liberdade. O homem pode, livremente, escolher o caminho estreito do bem ou arriscar ser feliz pelos caminhos ilusórios dos sussurros da serpente.

A liberdade dói. É uma energia espiritual a ser conquistada, e não um presente a ser descuidadamente usufruído.

Um velho pai disse a seus filhos antes de morrer: "Cuidem bem da vida, amem-se como irmãos, honrem a memória de seus pais e respeitem a liberdade dos outros!" E o velho sábio dizia que era melhor viver e morrer pela liberdade do que curtir egoisticamente os próprios desejos.

Todos os povos sempre levantaram monumentos aos que deram a vida pela liberdade.

Imagino um homem livre de braços abertos, com o sol lhe batendo no rosto e com a alma em festa. E imagino um covarde com os olhos sombrios e abaixados, sorrateiro e escapadiço, distante de um abraço e de uma palavra franca e ensolarada.

De uma pessoa livre, gostaria de beijar as mãos. De um covarde, sentiria somente pena, muita pena e tristeza.

IX
NOS JARDINS DA POESIA

Escolhi apenas quatro sonetos. Podia ter escolhido quarenta. Para a escolha, li mais do que duzentos. Os jardins dos sonetos são riquíssimos, encantando pelas diversidades de suas inspirações e múltiplas belezas.

Os poetas são artistas e mestres da beleza. Encantam e surpreendem, afagam os sentimentos e enchem os olhos de admiração. Na verdade, ao tentar escolher apenas quatro, teria inevitavelmente de tropeçar no gosto subjetivo de meu pequeno e empobrecido eu.

Mas admitindo que a vida é feita de pequenas ou grandes maluquices, arrisquei-me a ser, respeitosamente, louco. Mas fui um louco movido pela admiração e pelo encantamento, sem requisitar a certeza pelas escolhas feitas.

Na exiguidade dos espaços disponíveis, tentei apenas difundir a beleza, uma nesga de beleza que me encanta.

Tu és princípio e fim (1)

Florbela Espanca (1894-1930)

Grande poeta, quase incomparável, de rica e refinada inspiração. Florbela Espanca teve uma vida bastante atribulada, apesar de seus poucos 36 anos. Seu pai era sapateiro e sua mãe, estéril. Florbela nasceu de um caso extraconjugal. Seu pai a reconheceu como filha somente quando ela completou 18 anos. Casou-se três vezes e tentou o suicídio mais de uma. Na última, a causa de sua morte foi dada como ingestão de uma sobredose de barbitúricos. O grande poeta português Fernando Pessoa referiu-se a ela como "alma sonhadora, irmã gêmea da minha".

Minh'alma, de sonhar-te, anda perdida!
Meus olhos andam cegos de te ver!
Não és sequer razão de meu viver,
Pois que tu és já toda a minha vida!

Não vejo nada assim enlouquecida...
Passo no mundo, meu Amor, a ler
No misterioso livro do teu ser,
A mesma história tantas vezes lida!

Tudo no mundo é frágil, tudo passa...
Quando me dizem isto, toda a graça
Duma boca divina fala em mim!

E, olhos postos em ti, vivo de rastros:
"Ah! Podem voar mundos, morrer astros,
Que tu és como Deus: princípio e fim!...

Visita à casa paterna (2)

Luís Guimarães Júnior (1847-1898)
"Imortal", ocupou a cadeira 31 na Academia Brasileira de Letras, que ajudou a fundar. Formado em Direito, serviu como diplomata em vários países como o Chile, o Vaticano e outros países europeus. Além de poeta, foi romancista e teatrólogo. Seus sonetos ombreiam com os melhores de Olavo Bilac, Raimundo Correia, Alberto de Oliveira e outros. Do soneto abaixo, tornaram-se famosas e sempre citadas as expressões "depois de um longo e tenebroso inverno" e "resistir quem há de".

Como a ave que volta ao ninho antigo,
depois de um longo e tenebroso inverno,
eu quis também rever o lar paterno,
o meu primeiro e virginal abrigo.

Entrei. Um gênio carinhoso e amigo,
o fantasma, talvez, do amor materno,
tomou-me as mãos, olhou-me grave e terno,
e, passo a passo, caminhou comigo.

Era esta a sala… (ó se me lembro! e quanto!)
em que da luz noturna à claridade,
minhas irmãs e minha mãe… O pranto

jorrou-me em ondas… Resistir quem há de?
– Uma ilusão gemia em cada canto,
chorava em cada canto uma saudade…

A Jesus crucificado (3)

Autor anônimo do século XVI
Este soneto já foi atribuído a Santa Teresa de Jesus, a São João da Cruz, ao frade agostiniano Frei Miguel de Guevara e ao franciscano Frei Antônio Panes. Estudos exaustivos o atribuem, muito provavelmente, ao doutor da Igreja São João de Ávila. Do soneto se disse "hermoso, emocionante". Manuel Moreno Cárdenas o classificou como "el mejor soneto", e ele se inclui entre os "Cien mejores poesías de la lengua espanhola".

Não me move, Senhor, para querer-vos
a glória que me tendes prometido.
Não me move o inferno tão temido,
para deixar por isto de ofender-vos.

Moveis-me vós, Senhor, move-me o ver-vos
pregado nessa cruz, escarnecido.
Move-me o vosso corpo tão ferido
e esta morte que vejo padecer-vos.

Minh'alma em vos amar tanto se esmera
que, ainda a faltar o céu, eu vos amara
e, não havendo o inferno, eu vos temera.

Nada por vos amar de vós espera.
E, se ainda o que espero não esperara,
o mesmo que vos quero eu vos quisera.

Contentamento descontente (4)

Luís Vaz de Camões (1524-1580)
Maior poeta da língua portuguesa, Camões foi comparado a Shakespeare e está entre os maiores poetas do mundo. Foi frequentador da corte portuguesa, mas acabou preso e morreu na mais completa miséria. Foi traduzido para quase todas as línguas, como espanhol, inglês, francês, italiano, alemão, entre outras. Escreveu poesias líricas e épicas, peças teatrais e sonetos que são verdadeiras obras de arte. É o autor de Os lusíadas.

Amor é um fogo que arde sem se ver;
é ferida que dói e não se sente;
é um contentamento descontente;
é dor que desatina sem doer.

É um não querer mais que bem querer;
é um andar solitário entre a gente;
é nunca contentar-se de contente;
é um cuidar que ganha em se perder.

É querer estar preso por vontade;
é servir a quem vence, o vencedor;
é ter com quem nos mata, lealmente.

Mas como causar pode seu favor
nos corações humanos amizade
se tão contrário a si é o mesmo Amor?

X
NOS JARDINS DA ORAÇÃO

Termino o livro rezando. É o que faço todos os dias, a cada noite. Não durmo nem vivo sem rezar. Rezo por meus familiares, pelos freis do meu convento, pelos fiéis que participam das missas que celebro, pelos pobres do Largo da Carioca e por todos os pobres e doentes do mundo.

As igrejas podem ter paredes. A fé não tem. Nela me recolho no trabalho e no descanso, quando vivo para Deus e estou em Deus e quando cultivo meus jardins. Escolhi apenas 20 orações. Poderia ter escolhido mil.

Oração da minha mãe (1)

Jesus, para vós eu vivo.
Jesus, para vós eu morro.
Jesus, vosso sou na vida e na morte.
Amém.

Oração ao Deus vovô (2)

Querido Deus, grande e bom, vós sois Pai, Mãe, Amigo e Irmão, Criador e Salvador.
Permiti que, hoje, vos chamemos de Vovô. Sim, vós tendes a bondade de um Vovô e a graça de uma Vovó.

Dai-nos a graça de sermos também, à vossa imagem, bons avós, acolhedores e alegres, amigos e cheios de paz para nossos netos e netas.

Ajudai-nos, com vosso amor, a protegê-los contra todo mal.

Que eles cresçam no Bem e na Alegria. E sejam felizes, ricos de graça e abençoados.

Muito obrigado pelos casamentos de nossos filhos e netos.
Livrai-os do mal da violência e da desunião.
Que vivam em Paz e reine o bom entendimento em suas famílias.

Muito obrigado pela graça da vida.
Muito obrigado por todas as graças já recebidas.
Muito obrigado, querido Vovô do céu,
pela graça de sermos vovôs na terra.
Amém.

Oração pelos filhos (3)

De ti recebemos, ó Deus, os filhos que são a graça e a felicidade de nossas vidas. Não temos maior riqueza nem nada mais desejamos senão que sejam abençoados e protegidos por ti.

Assim como Jesus abraçava as crianças e estendia suas mãos sobre os doentes, assim, te pedimos, abraça nossos filhos e estende tuas mãos protetoras sobre eles.

Temos muito amor, mas somos fracos e impotentes. O mal é forte e as tentações são muitas. Os caminhos estão cheios de perigos e o coração deles é tão trêfego, ardoroso e sonhador.

Ajuda-nos a protegê-los quando nos sentimos incapazes. Defende-os quando o inimigo parecer cativá-los. Assim como São José e Nossa Senhora cuidaram de Jesus, cuida daqueles que nos deste como expressão do teu Filho.

Confessamos que preferimos perder tudo, menos a tua graça para nossos filhos. Cobre-os com tua proteção e mostra-lhes o caminho da paz e do bem, da alegria pura e do amor verdadeiro, da grandeza, da beleza e da cidadania. Amém.

Livra-me de mim (4)

Dá-me, ó Deus, vida para te servir e alma para te amar. Dá-me olhos para te ver no céu e na terra, ouvidos para te ouvir no vento e no mar, e mãos para trabalhar em teu nome.

Torna-me puro como a água e alto como o céu. Que não haja lama nas estradas dos meus pensamentos nem folhas mortas nas lagoas dos meus propósitos. Faze com que eu saiba amar os outros como irmãos e a servir-te como um pai.

Minha vida seja digna da tua presença. Meu corpo seja digno do pó com que fui criado. Minha alma possa aparecer diante de ti como um filho que volta à casa paterna.

Torna-me grande e luminoso como o Sol, para que eu te possa adorar em mim; e torna-me puro como a lua, para que eu te possa rezar em mim; e torna-me claro como o dia, para que eu te possa ver sempre em mim e rezar-te e adorar-te.

Senhor, protege-me e ampara-me. Dá-me que eu me sinta teu. Senhor, livra-me de mim.

Fernando Pessoa, poeta português (1894-1930)

Com coração de criança (5)

Obrigado pela graça da vida e pela alegria de viver!
Obrigado pela fé que nos anima e pela coragem que nos move!
Obrigado pela festa dos que creem
e pelo canto da certeza que se ergue da terra, apesar das dificuldades!
Obrigado pela força da comunidade e pela solidariedade dos irmãos!

Fortifica nossos passos no caminho da verdade.
Abre nossos corações para o serviço à vida.
Ilumina nossos rostos no testemunho alegre do bem.
Faz-nos instrumentos da tua paz e arautos felizes da tua salvação.
Desperta em todos o senso da justiça em defesa dos oprimidos, dando-nos a intrepidez dos profetas e a disposição dos mártires.

Perdoa nossas faltas na dubiedade de nossas iniciativas.
Cobre-nos com o manto do teu perdão para que cantemos a tua misericórdia.
E, sobretudo, dá-nos um coração de criança para que possamos aninhar-nos,
sem medo, em teus braços de Pai acolhedor e Senhor onipotente.

Pedindo a paixão de viver (6)

Querido Deus, grande e bom,
que não sejamos nem fracos e desanimados,
nem duros e pretensiosos, diante dos desafios da vida.

Mas que a vida sempre encontre em nós
a disposição das pessoas prontas para a luta.

Não queremos ser ácidos ou amargos,
mas apaixonados e ensolarados,
sempre que se encontrar em jogo o bem, a paz,
a justiça e os destinos comuns.

Que saibamos enxugar uma lágrima
e fortificar uma chama que apenas bruxuleia.

E que, acima de tudo, acreditemos que a vida é um milagre
e que vale a pena servi-la com grande paixão,

mesmo quando ela nos custe a solidão dos heróis,
e o desprezo e o abandono dos covardes.
Em louvor de Cristo. Amém.

Oração pela vida (7)

Muito obrigado, ó Deus,
pelo presente da vida
e pela graça de viver!

Faz-nos da vida bons pastores,
ardentes profetas
e encantados poetas!

E que cada manhã seja para nós
e para as pessoas como se fosse a primeira.
E, quando chegar a última,
que a vida nos encontre
ainda fascinados por sua graça
e prontos para a derradeira aventura.

Para a vida, abrimos, hoje, o coração,
sempre agradecidos por senti-la
e muito felizes por poder ainda amá-la.
Amém.

Oração de cura (8)

Senhor Deus, grande e bom, do fundo de minha pobreza e
na aflição de minha doença, eu te adoro e te reconheço como
meu único e verdadeiro Bem, como esperança permanente e
derradeira de minha vida.

Ó Jesus, nosso Deus salvador, Tu és o primogênito de todas as criaturas e todos os seres foram criados à tua imagem. Tu és a graça, a graça da vida e o grande artífice da nossa salvação.

Ó Divino Espírito Santo, amor do Pai e do Filho, fonte da beleza e doce hóspede de nossas almas, eu te adoro e, cheio de alegria e confiança, canto teu santo nome, exaltando tua ação na Igreja e no mundo.

A ti, Trindade santa e sacrossanta, unido a todos os santos e à Santíssima Virgem Maria, suplico do fundo do coração: Cura-me! Restitui minha saúde física e espiritual.

Porque em ti não existe nenhum sintoma de doença e porque és a fonte torrencial de vida e saúde, peço tua ajuda neste momento difícil de minha existência. Estou doente do corpo e da alma e preciso de tua ajuda. Como o cego de Jericó e como os leprosos dos caminhos de Jesus, clamo por tua força e poder. Se queres, podes curar-me! Eu confio em ti. Cura-me, querido e onipotente Deus! Amém.

Oração do coração (9)

Dá-me, Senhor, um coração bom e aberto!
Um coração que não seja de pedra, mas de carne,
caloroso, terno e cheio de humanidade,
pronto sempre para se encantar, acolher e abraçar.

Que meu coração seja rico de sentimentos,
mais do que de conhecimentos.
Que meu coração seja sensível para partilhar dúvidas e vitórias,
mais do que habilidoso para resolver problemas.
Que nunca se faça valer pelo que tem,
mas por seu bem-querer e para a glória de teu santo nome.

Dá-me, Senhor, um coração bom e aberto!
Um coração que saiba se inclinar sobre os que sofrem
e fazer festa com os que se alegram.

Um coração que respeita a intimidade de quem, timidamente, se retrai,
e só entre respeitosamente no íntimo dos outros, quando convidado.
Um coração que não alimenta nem vaidades nem arrogância,
mas que seja simples e humilde, pródigo e atencioso.

Dá-me, Senhor, um coração bom e aberto!
Um coração ensolarado, alegre e feliz, livre e desatado,
que não tenha medo de viver para fora
nem se atemorize com os desafios da vida.

Um coração que tenha grandes olhos para o milagre da vida,
e asas estendidas para voar em direção às altas montanhas.
Um coração que bata ao compasso do mundo,
que dance com as alegrias e chore com as tristezas do dia a dia.

Dá-me, Senhor, um coração bom e aberto!
Um coração que não seja egoísta, agressivo, ríspido ou impaciente,
pequeno ou mesquinho, refratário ou ressentido. Não!
Que meu coração viva para a grande vida, e ame os grandes ideais.
Que vibre com as conquistas da ciência, participe das ações da comunidade,
e sirva com orgulho às causas da cidadania.
Que nunca se encolha no comodismo,
e sempre se empenhe pela paz.
Dá-me, Senhor, um coração bom e aberto!
Bom para amar. Aberto para se deixar amar.

Bom para reconhecer o bem. Aberto para agradecer a graça de viver.
Bom para lutar pelos pobres e para nunca aceitar a insolência dos prepotentes.
Aberto, como um jardim, para os passarinhos
e vasto, como um deserto, para os animais ferozes.
Que, dentro dele, encontrem abrigo os pobres e os humildes
e haja sempre uma casinha para os desabrigados.

Dá-me, meu bom e doce Senhor, um coração bom e aberto,
para que possa ter e te oferecer,
nas alegrias e nos sofrimentos,
de dia e de noite,
na vida e na morte,
hoje e sempre,
um coração, o meu coração, bom e aberto.
Amém.

Oração do feio e do bonito (10)

Eu te ofereço, ó meu Senhor, tudo que é feio e tudo que é bonito.
Feio é odiar, fazer guerra, passar fome, ser arrogante.
Feio é não ser irmão, é falar mal dos outros, e ser hipócrita como um fariseu.
Feio é ser duro de coração, intolerante, e condenar sem piedade.

Feio é ser vaidoso, ciumento, maçante e sem graça.
Feio é mentir, roubar, trair, acusar e não ter caráter.
Feio é ser materialista e avarento e refratário aos aplausos.
Feio é ser complicado, é criar confusões e brigar por ninharias.

Feio é viver descontente, sem esperança e desencantado.
Feio é irritar-se sem razão e desprezar soberanamente os outros.

Feio é ser preguiçoso, alienado, mórbido e sem amor.
Feio é criticar com azedume e ser infiel sem arrependimento.

Feio, muito feio, é viver como se Tu, ó Deus, não existisses,
sujeitando os demais aos desmandos da própria vontade.
Feio, muito feio, é ser insensível com os pobres, doentes e
pecadores,
julgar-se superior aos outros e ser cego aos próprios defeitos.

Bonito é amar e ser amado, é querer bem e ser querido.
Bonito é viver de coração aberto, cantando a beleza da vida.
Bonito é ser de paz, com alegria, com todo o coração e sem medo.
Bonito é abraçar amigos e inimigos, sem distinção ou falsidade.

Bonito é ser cozinheiro, professor, lixeiro, jornalista ou padeiro.
Bonito é defender a natureza e cuidar da cidadania.
Bonito é mostrar-se vulnerável, sem fugir de amizades.
Bonito é gostar das crianças, ter um lar e uma família.

Bonito é despertar cada manhã para o trabalho e convivência.
Bonito é bater palmas e aplaudir a quem merece admiração.
Bonito é pedir perdão quando se erra e agradecer quando se
deve.
Bonito é aprender, a cada dia, a arte de viver e de amar sem
limite.

Bonito, muito bonito, é rezar e te adorar, querido Deus,
aceitando, com grandeza e confiança, o desafio de crer e de viver.
Bonito, muito bonito, é não descer da cruz, por causa das
promessas do Reino;
é fazer a festa da vida, mesmo aceitando, com fé, a certeza da morte.
Eu te ofereço, ó meu Senhor, tudo o que é feio e tudo o que é
bonito.
Agradeço-te porque és bonito e és a fonte da beleza.

Pelo feio, peço-te perdão. Prometo fugir dele e denunciá-lo.
Na vida e na morte, quero ser teu, sendo mais bonito, sendo menos feio.
Amém.

Oração do bom-humor (11)

Dá-me, Senhor, uma boa digestão e algo, também, para digerir.
Dá-me a saúde do corpo e o bom humor para conservá-la.

Dá-me, Senhor, uma alma santa que entesoure tudo o que é bom e puro,
para que não me assuste com o pecado,
e, ao esbarrar com ele, trabalhe para, novamente, pôr as coisas no lugar.

Dá-me, Senhor, uma alma que não conheça o tédio,
nem resmungos, suspiros e/ou queixas.

Não permitas, também, que me preocupe demais
com esta coisinha tão absorvente chamada "eu".
Dá-me, Senhor, o senso do ridículo.
Concede-me a graça de curtir uma piada e uma brincadeira
e de sentir, no dia a dia, um pouco de alegria
e de poder comunicá-la aos outros.

Thomás Morus, chanceler britânico (1477-1535)

Oração do amor e da amizade (12)

Meu coração está em festa e quero cantar a meu Deus.
Abro meus braços para o infinito dos céus,
para os ventos das montanhas, para as correntezas dos rios e da vida.

Quero abraçar a beleza dos jardins e celebrar a esperança.
Quero me unir à alegria de homens e mulheres do mundo todo.
Quero olhar no fundo dos olhos das pessoas,
e extasiar-me com o carinho dos pais, com a alegria das crianças,
com a serenidade dos velhos e a sabedoria dos mestres,
porque amo e sou amado, e encontrei um amigo de verdade.

Que beleza amar e ser amado, ó meu bom e amado Senhor!
Tu és o Deus de meus caminhos e dos sonhos bem sonhados.
Desconhecia meu próprio coração e, com medo, fugia dele.
Sinto-o, agora, batendo de felicidade, transbordando de alegria,
querendo confessar e gritar para a terra e para o céu
que a vida é bela, que milagres existem e acontecem,
porque amo e sou amado, e encontrei um amigo de verdade.

Ah, meu bom e amado Senhor, quanta felicidade!
Hoje, tenho uma música dentro de mim e quero ver a vida com
outros olhos.
Não quero mais dar importância a coisas pequenas e sem graça,
não quero mais valorizar tropeços e derrotas, nem as fraquezas
das pessoas,
não quero mais exaltar erros e pecados, a miséria e o mau humor,
não quero mais dar atenção a maledicências, a ambições e
vaidades,
porque amo e sou amado, e encontrei um amigo de verdade.

Meu coração está em festa e quero agradecer-te, ó meu Deus.
Vivia sem a beleza e a magia do amor e da amizade,
fechado sobre mim mesmo e dentro do pequeno casulo do meu eu,
como se a vida não passasse de uma cantilena sem surpresa e vibração,
cantilena que não enchia meu coração e me roubava a alegria de viver,
porque não amava nem era amado, nem sabia que tinha um
amigo.
Hoje, me sinto diferente, meu Senhor, porque amo e sou amado.

Diante de ti, a teus pés, derramo meu coração,
e faço chegar a ti esta oração, este salmo de felicidade.
Como é bom viver e amar!
Como é bom olhar a vida com os olhos azuis do coração!
Os raios do sol estão mais dourados, a chuva que cai é mais doce.
Como são lindas as crianças e como é cantante a minha fé!
O trabalho já não me é penoso. Vivo e trabalho com prazer.
Como é querida minha família e como são lindas as pessoas!
Sinto meu futuro mais radioso e cheio de promessas,
porque amo e sou amado, e encontrei um amigo de verdade.

Porque amo e sou amado, e porque encontrei um amigo de verdade,
agradeço-te, ó meu bom e amado Senhor, e te prometo, com todo o coração,
amar as pessoas e a vida, na alegria e na tristeza, na saúde e na doença.
Prometo respeitar sempre a tua vontade, pois és a fonte do amor e da ternura,
a garantia da paz e da felicidade, do bem, de todo bem, do eterno bem.
Hoje e sempre, que eu ame e só ame sem medida,
que meu coração te louve com alegria e sem medo de ser feliz,
porque amo e sou amado, porque encontrei um amigo de verdade.
Amém.

Oração da panela (13)

Senhor, dono das panelas e das marmitas,
não posso ser a santa que medita aos vossos pés.
Não posso bordar toalhas para o vosso altar.

Que eu seja, então, a santa ao pé do meu fogão.
Que o vosso amor esquente a chama que eu acender
e faça calar minha vontade de gemer a minha miséria.

Eu tenho as mãos de Marta, mas quero também ter a alma de Maria.
Quando eu lavar o chão, lavai, Senhor, os meus pecados.
Quando eu puser na mesa a comida,
comei também, Senhor, junto conosco.
É ao meu Senhor que eu sirvo, servindo minha família.

De uma camponesa de Madagascar

Oração da casa (14)

Senhor Deus, grande e bom, louvado sejas Tu porque me fizeste à imagem e semelhança do céu, que é tua morada. Sei que, mesmo quando sou muito rica, ainda assim não me aproximo do esplendor de tua casa. Não importa! A casa mais linda que existe deve ser a tua. Tu mereces tudo porque és o Senhor de tudo e de todos. Mas, confesso-te, por mais humilde que seja, sempre desejarei ser uma linda lembrança de tua casa. Gosto de ser casa porque a casa tem jeito de céu.

Hoje quero agradecer-te porque me deste a graça de abrigar a felicidade das pessoas que, quando se sentem tristes e cansadas, sempre me procuram e retornam a mim. Prometo-te sempre acolhê-las, oferecendo-lhes um espaço em que possam sentir-se bem. Bem sabes que em mim tudo acontece: sou um rio de lágrimas, de tristezas e de felicidades. Conheço a história humana que é feita de amor e frustrações, de grandes esperanças e de dolorosas rupturas.

Não rezo por mim, rezo por eles, homens e mulheres que me habitam, que pisam em meu chão e têm sonhos que ultrapassam minhas paredes. Olha por eles, meu doce Senhor, e abençoa-os. Eles precisam tanto! São, às vezes, tão teimosos e infantis, egoístas e insensíveis! Ajuda-me a protegê-los! Que minhas portas não sejam para aprisioná-los, mas para resguardar sua intimidade e tornar mais bonito seu amor. Que sempre contemplem, de minhas janelas, o grande mundo em que vivem, com o desejo de torná-lo mais a casa da paz para todas as pessoas.

Se posso abusar de tua generosidade, meu bom Senhor, gostaria de pedir-te uma grande graça em favor dos pobres que não têm casa. Assim como desejei que o povo de Belém abrisse suas casas para o nascimento de teu filho Jesus, assim te suplico pelos pobres: que nenhuma criança jamais tenha que nascer num estábulo, entre um boi e um jumentinho, mas sempre encontre um berço de amor que celebre o milagre de uma nova vida.

Como casa, não te peço para ser rica e esplendorosa, porque o amor humano não precisa de luxo para ser quente e maravilhoso. Quero ser apenas simples e acolhedora, humilde e de boa paz. Rezo a ti para que o amor sempre vença o ódio e a compreensão derrote a dureza dos corações. Que nunca ninguém bata minhas portas na cara de uma pessoa amada. Se não puder ser uma casa de amor, que eu nunca seja o espaço para a tristeza e o desencanto da vida. Em louvor de Cristo que nasceu, viveu e morreu sem casa. Amém.

Oração do grande desejo (15)

Ensinai-me, ó Deus, a vos procurar e mostrai-vos quando vos procuro; pois não posso procurar-vos se não me ensinais, nem encontrar-vos se não vos mostrardes. Que desejando, eu vos procure; que procurando, eu vos deseje; que amando, vos encontre; e que encontrando-vos, eu vos ame.

Santo Anselmo, arcebispo de Cantuária, Inglaterra, séc. XII.

Oração do não querer (16)

Não queremos, Senhor Deus, viver longe de ti,
mas sempre mais dentro dos teus caminhos.
Não queremos esquecer-nos das tuas leis,
mas sempre mais buscar tua sagrada face.
Não queremos ter outro desejo,
que não o de seguirmos Jesus, na alegria do seu Evangelho.
Para nós, Tu és o primeiro, o único e o definitivo.
Renunciamos, hoje, à pretensão de nos apoderarmos de ti.
Apenas te pedimos a graça, a grande graça
de seres a definição de nossa vida. Amém.

Oração do carnaval (17)

Os passos lépidos e os malabarismos dos Passistas;
A abertura graciosa e artística da Comissão de frente;
A leveza sorridente e faceira da Porta-bandeira;
Os caprichos cavalheirescos do Mestre-sala;
O ritmo leve e compassado das Alas da escola;
O *pam-pam* sonoro e retumbante da Bateria;
Os *sss-sss* estimulantes das Sapatilhas no asfalto;
A beleza majestosa dos Carros alegóricos;
A batida funda e inconfundível do Surdo;
A beleza estonteante da Rainha da bateria;
A voz sobranceira do Puxador do samba-enredo;
Os rodopios graciosos das Baianas rodadas e felizes;
Os momentos de glória da Escola na avenida;
Que meu desfile tenha um pouco disso tudo,
meu Senhor, no carnaval da minha embandeirada vida.

Exaltação ao Cristo Maravilha (18)

Houve, ó Cristo, quem quisesse te dar um trono de glória no alto do Corcovado. Mas Tu abriste os braços, inclinaste, humildemente, a cabeça e disseste: "Deus lhes pague por esta honra! Mas gosto mesmo é de gente! Sou gente, sou deste povo e este povo é meu! Ele e eu estamos casados, casados com o verde da floresta que coroa esta cidade, com o marulhar das águas do mar que banha nossas praias, com o som dos tamborins, dos reco-recos e dos pandeiros que enchem de ritmo o Rio de Janeiro!"

Por amor, ó Cristo, te imortalizaram numa grande estátua, com mais de 30m de altura. Mas Tu disseste: "Ah, meus amigos, sou grande apenas na misericórdia! Grande é o meu coração! Gosto mesmo é da descontração alegre dos cariocas, do samba dos morros e da festa das torcidas em domingo de Maracanã".
Em estátua de alto porte, te deram um aspecto soberano, imponente, sério, pétreo, quase inacessível. Mas Tu confessaste: "Gosto de comer com os pecadores e da poeira das estradas! Gosto é de estar no meio do povo, consolando os aflitos e fazendo festa com os pobres e sofridos, com os que sabem relevar, com um sorriso nos lábios, as chateações inevitáveis da vida".

Ah, meu bom Cristo Redentor, nossa cidade já era maravilhosa, graças ao teu Deus. Contigo, ela é abençoada. Tu nasceste pobre, no coxo de uma humilde estrebaria. Nós, cariocas, te oferecemos o berço alegre do Samba e da Bossa-nova. Tu não tiveste nem uma pedra onde pudesses reclinar a cabeça. Nós te damos as nuvens brancas e carregadas que te cobrem e as brisas que te afagam. Tu anunciaste o Reino de Deus. Nós te oferecemos a hospitalidade e te consagramos a alegria de sermos cariocas. Tu curaste os doentes e ressuscitaste os mortos, pregaste a fraternidade e quebraste os grilhões aos cativos.

Dá-nos, te pedimos, a Paz, somente a Paz, e, sempre, a tua Bênção. Ensina-nos a grande lição da Liberdade e a fascinante arte de viver! Proclama, do alto do Corcovado, que somos bem-aventurados e chama-nos de filhos do sol e de Deus! Desperta em nós um grande amor pelos pobres, pelos doentes e pecadores! Perdoa nossos pecados e afasta de nós todo egoísmo e violência!

Teus inimigos te deram uma cruz. Nós te damos nossos aplausos, muitos aplausos, nosso reconhecido bom humor, o brilho das estrelas, a beleza do Carnaval e o nosso coração em festa. Antes, ó Cristo, já gostávamos de ti; hoje, gostamos ainda mais.

Ao acordar, a cada manhã, prometemos olhar para ti, que estás, no alto do Corcovado, de braços abertos, cuidando de nossa cidade, e te prometemos dizer-te, com alma e coração, na exultação e sempre cheios de santo orgulho: "Tu, Cristo, Tu és uma das sete maravilhas do mundo!"

Pedindo a graça da oração (19)

Divino Espírito Santo, graças te dou por rezares em mim "com gemidos inenarráveis".
És o mestre da vida interior e a inspiração para rezar com os sentimentos de Jesus.

Como os discípulos pediram a Jesus, também te suplico: "Ensina-me a rezar!"
Ensina-me a rezar com um espírito puro e desarmado, com um coração aberto e confiante.
Não desejo fazer da oração um simples desafogo para minhas ansiedades,
mas quero viver encantado diante de ti, que és um Deus três vezes santo.

Que pulsem, fortemente, em minha oração, as dores e as alegrias, as esperanças e as frustrações de todos os homens e mulheres.

Na oração, ofereço-te o bem e o mal, meus pecados e as fraquezas de todas as pessoas.
Aceita nosso arrependimento. Nunca quisemos ofender-te.
Perdoa-nos.
Reveste-nos com o manto nupcial da tua graça.
Faz-nos dignos da festa do Reino de Jesus, nosso divino Salvador.

A teus pés, derramamos nosso coração e te suplicamos:
Dá-nos a graça da oração.
Não deixes de rezar em nós.
Faz-nos tua oração, santa e sacrossanta.
Reza por nós e em nós.
Tu serás a nossa oração no seio da Santíssima Trindade.
Amém.

Minha última oração (20)

Senhor Deus, grande e bom, graças eu te dou pela graça da oração. No colo de minha mãe, aprendi a chamar-te de "querido Pai do céu". Em toda a minha vida, sempre procurei viver em tua presença, consagrando-me a ti, rezando, pedindo-te perdão e agradecendo-te.

Como gostaria de ver teus olhos e de receber, todos os dias, tua bênção! Confiante, ponho-me, de joelhos, diante de tua grandeza e majestade. És o Deus de minha vida e da vida dos pobres, doentes e pecadores. Porque és o Deus da graça e do perdão, sinto-me confiante, alegre e não tenho medo.

Sou pequeno, mas pertenço a ti. És grande, mas estás dentro de mim. Contigo quero fazer história, quero viver e morrer, amar e ser amado. Se pecar e for fraco, não te afastes de mim, mas dá-me teu perdão. Abraça-me e chama-me de filho, esconde-me nas dobras de teu manto.

Ah, Senhor, meu Deus, grande e bom, não posso viver sem ti e longe de ti! Não erro por ser mau, mas porque desejo e busco o paraíso perdido. Não sinto paz quando colho as frustrações dos desenganos da vida. Quero ser como Tu, mesmo sabendo que não passo de uma simples criatura ou de um mísero vermezinho.

Busco, nos caminhos santos de Jesus e na rota dos meus sonhos, tua face, ó meu Deus, e procuro aceitar os desafios que me tentam e engrandecem, mesmo quando me decepcionam com respostas que não me satisfazem, lembrando-me de que Tu, somente Tu, és a fonte da felicidade e da paz.

Todos os dias, rezo, olhando o invisível, para confessar que és meu Deus e Senhor. A ti elevo minha prece, sempre cheia de amor, confiança e fidelidade. Perdoa-me quando me esqueço de ti, abençoa-me para que me lembre de teu amor. Recebe esta minha oração, que pode não ser a última, mas que é a derradeira.

Quero viver e morrer reverenciando teu poder, pois és meu Deus e Senhor. Se, um dia, viver longe de tua verdade, acorda-me com o trovão de tua voz, para que retorne aos teus caminhos e volte a ajoelhar-me diante de teu rosto.

Tu, somente Tu, és meu Deus e Senhor, único e verdadeiro, meu caminho, verdade e vida, luz que me ilumina e Pai que me ama e abençoa. Amém.

Posfácio

Aplausos, calorosos aplausos

Aplaudam os que amam a vida e vivem sem medo dos lobos!
Aplaudam os que defendem a dignidade humana e a integridade da criação!
Aplaudam os que creem no amor e não reclamam das consequências de amar!
Aplaudam os jardineiros da esperança e os arautos de um mundo melhor!
Aplaudam os que têm fé e buscam o rosto invisível de Deus!
Aplaudam as famílias que vivem no amor e ensinam seus filhos a amar!
Aplaudam os professores que cuidam das crianças e da cultura!
Aplaudam os padeiros que nos servem o pão de cada dia!
Aplaudam os médicos e enfermeiros que alongam as vidas dos pacientes!
Aplaudam os garis que zelam pelo asseio das cidades!
Aplaudam os jornalistas que não acobertam *fake news*!
Aplaudam os políticos honestos que lutam pelo bem público!

Aplaudam os que se opõem à estupidez da guerra e são instrumentos da paz!

Aplaudam os que consolam quem chora por falta de amor e de pão!

Aplaudam os que têm fome e sede de justiça e levantam sua voz contra os tiranos!

Aplaudam os que enchem de pão a própria mesa e as dos outros!

Aplaudam os que sofrem sem revolta e vivem sem cobranças!

Aplaudam os que abraçam a cruz e não fogem do desespero do calvário!

Aplaudam os que creem em Deus e são irmãos de seus semelhantes!

Aplaudam os idosos que aprenderam a viver, os jovens que sonham com a felicidade e as crianças que vivem sem medo do amanhã!

Aplaudam a beleza da vida que merece todos os aplausos! Sem sua graça, até os aplausos não teriam a menor graça!

Aplaudam os que fazem florir os jardins da vida!

Aplaudam Jesus Cristo, que deixou um trono para nascer numa estrebaria, e que se cobriu com as poeiras das estradas, que amou os pobres, doentes e pecadores, que deu sua vida por amor para salvar a humanidade, e que deixou, em testamento, seu mais importante conselho e ordem: "Amai-vos uns aos outros, assim como eu vos amei!"

Todos estes merecem aplausos, os mais calorosos aplausos!

Leia também!

Conecte-se conosco:

facebook.com/editoravozes

@editoravozes

@editora_vozes

youtube.com/editoravozes

+55 24 99267-9864

www.vozes.com.br

Conheça nossas lojas:

www.livrariavozes.com.br

Belo Horizonte – Brasília – Campinas – Cuiabá – Curitiba
Fortaleza – Juiz de Fora – Petrópolis – Recife – São Paulo

  Vozes de Bolso

EDITORA VOZES LTDA.
Rua Frei Luís, 100 – Centro – Cep 25689-900 – Petrópolis, RJ
Tel.: (24) 2233-9000 – E-mail: vendas@vozes.com.br